Mieder, Antisprichwörter I

Wolfgang Mieder

ANTISPRICHWÖRTER

Band I

3. Auflage

Verlag für deutsche Sprache (VfdS)

Wiesbaden 1985

Beihefte zur MUTTERSPRACHE, 4
Herausgegeben von der Gesellschaft für deutsche Sprache, Wiesbaden

ISSN 0525-4701
ISBN 3-88228-005-0

Druck: Wiesbadener Graphische Betriebe GmbH, Wiesbaden
Printed in Germany

INHALT

Vorwort VII

Antisprichwörter 1

Quellen 193

Bibliographie 221

1. Anthologien 221
2. Primärliteratur 222
3. Witzkalender 227
4. Sekundärliteratur 227

Vorwort

Es ist eine alte Redensart im Leben
Und allgemein heißt's: „Ein Sprichwort, ein Wahrwort!“
Doch dieses ist nun wiederum ein Sprichwort eben,
Das schmuggelt sich von Mund zu Mund so fort;
Allein wie und ob die Sprichwörter alle auch sind wahr,
Das zu untersuchen bring' ich jetzt nur ein paar.

Diese als Motto vorangestellte Strophe ist der Beginn eines humorvollen Gedichts von Moritz Gottlieb Saphir (1795–1858) mit dem Titel *Sprichwörter en papillote*[1], worin dieser den angeblichen Wahrheitsanspruch einiger der bekanntesten deutschen Sprichwörter kritisch beleuchtet. Jahrhundertelang sind Sprichwörter als formelhafte Weisheitsträger von zahllosen Menschen immer wieder unkritisch angewandt worden, und das mag insbesondere für die biblischen Sprichwörter wahr sein, wie: „Der Mensch lebt nicht vom Brot allein“, „Niemand kann zwei Herren dienen“ oder „Wes das Herz voll ist, des geht der Mund über“. Und trotzdem hat man schon früh bemerkt, daß einzelne Sprichwörter sich kraß widersprechen, so daß ihr Wahrheitsgehalt zuweilen in Frage gestellt wurde. Bekannte kontradiktorische Sprichwörter sind etwa „Ehestand, Ehrenstand“ und „Ehestand, Wehestand“, „Kleider machen Leute“ und „Das Kleid macht nicht den Mann“, „Armut ist keine Sünde“ und „Es ist keine Sünde denn Armut“. An diesen Beispielen entpuppt sich das Sprichwort als einseitige Aussage, deren Weisheit nicht auf jede Situation paßt. Sprichwörter sind gerade keine Universalwahrheiten, sondern nur fragwürdige Verallgemeinerungen von Erfahrungen und Beobachtungen. So vermag das eine Sprichwort die eine Situation genau zu treffen,

[1] Vgl. *M. G. Saphir's humoristische Schriften*, hg. von Karl Meyerstein, 6. Aufl. (Berlin 1895), Bd. 3, S. 330–333. Den freundlichen Hinweis auf dieses Gedicht verdanke ich Herrn Helmut Walther (Gesellschaft für deutsche Sprache, Wiesbaden).

während das andere genau das Gegenteil behauptet. Jeder Sprachteilnehmer aber weiß sehr geschickt jeweils genau das Sprichwort zu gebrauchen, das ihn im Augenblick in seinen Gedankengängen stützt. Als Ausdruck einer Teilwahrheit wird das Sprichwort immer seinen Aussagewert behalten, doch wird dieser fraglich, sobald das Sprichwort für allgemeingültig erklärt wird. So sind Sprichwörter zwar manchmal Wahrwörter, aber nicht immer, wie so oft fälschlich angenommen wird.

Dieser Umstand ist schon lange erkannt worden, und zwar keineswegs nur von den Stubengelehrten. Die überlieferte Volkssprache birgt großartige Beispiele dafür, wie Generationen von Menschen auf die Einseitigkeit der Sprichwörter reagiert haben. Das geschah meistens durch Zusätze, die das vorangehende Sprichwort ironisieren, wie etwa „Alles hat ein Ende – und die Mettwurst hat zwei", „Reinlichkeit ist das halbe Leben – Schweinerei das ganze" und natürlich „Morgenstunde hat Gold im Munde – und Blei im Hintern". Viele dieser Verballhornungen altüberlieferter Sprichwörter sind volkstümlich geworden und sind Ausdruck des traditionellen Volkshumors.

Eine zweite sehr beliebte Form der Bloßstellung der fast sprichwörtlichen Einseitigkeit vieler Sprichwörter sind die sogenannten Sagwörter (auch Beispielsprichwörter oder Wellerismen genannt), worin ein Sprichwort oder ein sprichwortähnlicher Ausdruck in eine knappe Erzählsituation gestellt wird, die die ernsthafte Aussage überraschend bloßstellt. Bekannte Beispiele sind „Aller Anfang ist schwer, sagte der Dieb, da stahl er einen Amboß", „Irren ist menschlich, sagte der Bauer zu seiner Frau, als er im Finstern die junge Magd küßte" und „Der Klügere gibt nach, sagte der Ochse, da zog er den Pflug an". Diese Form der Sprichwortironisierung läßt sich bis in die Antike zurückverfolgen, und viele Sagwörter sind über ganz Europa verbreitet.[2] Die Infragestellung alter

[2] Vgl. vor allem Winfried Hofmann, *Das rheinische Sagwort* (Siegburg 1959).

Sprichwörterweisheit ist also nichts Neues, und fast ist man geneigt, auch diesbezüglich dem biblischen Sprichwort „Es geschieht nichts Neues unter der Sonne“ zuzustimmen.
Das vorliegende Buch will aber doch einmal etwas wirklich Neues auf diesem Gebiet bringen. Die zahlreichen älteren Sprichwörtersammlungen enthalten eine beachtliche Anzahl von den bereits erwähnten Sprichworterweiterungen, die inzwischen längst ebenfalls sprichwörtlich geworden sind. In diesem Buch aber werden demgegenüber 1500 *nicht* traditionelle Sprichwortbearbeitungen aus den letzten drei Jahrhunderten zusammengestellt, wobei der Hauptakzent auf der Moderne liegt. Durchforscht wurden ältere Schriftsteller, wie Friedrich von Logau, Georg Christoph Lichtenberg, Gotthold Ephraim Lessing, Johann Wolfgang von Goethe, Friedrich Rückert, Eduard Mörike, Friedrich Hebbel, Franz Grillparzer, Marie von Ebner-Eschenbach, und viele andere mehr. Aus der modernen Literatur waren Georg Kaiser, Richard Schaukal, Arthur Schnitzler, Karl Kraus und natürlich Bertolt Brecht ganz besonders ergiebig. Von der Gegenwartsliteratur sind zu erwähnen Günter Grass, Walter Kempowski, Kurt Sigel, Eugen Roth, Martin Walser, Erwin Strittmatter u. a. (vgl. das Quellenverzeichnis). Außer der schöngeistigen Literatur wurden aber auch Beispiele aus Zeitschriften, Zeitungen und Reklame aufgenommen, wo sich die Sprichwörterentfremdung noch öfter finden läßt. Hinzu kommen noch die zahlreichen Sprichwortvariationen, die in Karikaturen, Comics und Witzkalendern auftauchen. Es handelt sich bei dieser Sammlung also um Lesefrüchte aus vielseitigen Quellen, so daß der Aussagewert dieser Sprichwortbearbeitungen sehr unterschiedlich ist. So stehen philosophische Aussagen von Friedrich Nietzsche neben Zitaten von Toiletten-Witzkalendern, oder ein Sprichwortepigramm von Friedrich von Logau folgt einer Werbung für Margarine, die wiederum zu einem Zitat aus Ingeborg Bachmanns Werken weiterführt. Daran wird deutlich, daß auf jedem geistigen und gesellschaftlichen Niveau entweder ernsthaft oder spielerisch mit Sprichwörtern ins Gericht gegangen wird.

Die Sprichwörter (aufgenommen wurden auch sprichwörtliche Redensarten) werden in dieser Sammlung in der Tat auf Schritt und Tritt in Frage gestellt, sei es nun als witzige Entstellung, als entblößende Weiterdichtung (oft auch in der Form von Gedichten), als ernsthafte Widerlegung oder als absurde oder groteske Verzerrung. Immer aber bleibt das ursprüngliche Sprichwort weiterhin zu erkennen, und offensichtlich setzt der Schöpfer der jeweiligen Variation die Kenntnis des gebräuchlichen Sprichworttextes voraus. Aber er formuliert *gegen* das Sprichwort, gleichgültig ob es sich nur um einen Buchstaben- oder Wortaustausch handelt oder um eine längere Analyse. Es handelt sich also um *Antisprichwörter*, und die hier zusammengestellte Sammlung ist die erste ihrer Art. Viele weitere Beispiele ließen sich finden, aber diese Sammlung ist ein Zeichen dafür, daß Sprichwörter keineswegs erratische Wortblöcke sind, die in verstaubte Sprichwörtersammlungen gehören.[3]
Es wurde bereits erwähnt, daß die Mehrzahl der Beispieltexte aus den unterschiedlichsten Schriftquellen des 20. Jahrhunderts stammt. Warum diese Vorliebe für Antisprichwörter in der Moderne? Der Hauptgrund wird darin liegen, daß die den meisten Sprichwörtern zugrunde liegende altväterliche Moral einfach nicht mehr in die gesellschaftliche Wirklichkeit paßt. Das alte Wertsystem der Sprichwörter befindet sich ebenso in einer Krise wie die Ideale einer sich immer rascher verändernden Konsumgesellschaft. Schon Friedrich Nietzsche schrieb in aphoristischer Zuspitzung „Jedes Wort ist ein Vorurteil“[4], und um wieviel wahrer ist dieser Ausspruch bezogen auf Sprichwörter wie „Lange Haare, kurzer Sinn“, „Wie der Herr, so der Knecht“, „Das Weib gilt nach dem Manne“ usw. Otto Grünmandl beendet seinen wenig beachteten grotesken Roman *Das Ministerium für Sprichwörter* (1970) gar mit den folgenden Zeilen, die den negativen Effekt

[3] Vgl. Wolfgang Mieder, *Das Sprichwort in unserer Zeit* (Frauenfeld 1975).

[4] Friedrich Nietzsche, *Werke in drei Bänden*, hg. von Karl Schlechta (München 1954), Bd. 1, S. 903.

solcher Sprichwörter auf die freie Entfaltung der Menschen bildlich darstellen:

Mauern.
Städte umgürtende Wälle aus Sprichwörtern.
Sprichwörter, ausgespien von Vorübergehenden, hart gebrannt wie Ziegelsteine.
Mauern, die ringsum abgeschlossen, was sich dahinter zu schützen suchte.
Von Sprichwörtern Eingemauerte.[5]

Gegen diese Einmauerung, diese Bevormundung durch nur teilweise wahre Sprichwörter, wendet sich der frei denkende Geist, indem er gewisse Sprichwörter in solche Situationen stellt, wo ihr angeblicher Weisheitsanspruch zunichte wird. Besonders läßt sich diese Infragestellung der traditionellen Sprichwörterweisheit in der modernen Literatur nachweisen, und man erinnert sich an Ingeborg Bachmanns formelhafte Prophezeiung „Keine neue Welt ohne neue Sprache"[6]. So werden zum Beispiel alte Sprichwörter von Schriftstellern wie Bertolt Brecht, Günter Grass und Martin Walser der neuen Zeit entsprechend umgewandelt, indem das Sprichwort entweder durch erklärende Erweiterungen ironisiert wird oder der eigentliche Sprichworttext durch kleine Veränderungen entstellt wird. Mit großer Vorliebe machen dies auch aphoristische Denker wie Karl Kraus, Martin Kessel, Heinrich Wiesner und Gabriel Laub, der seine lapidare Sprachkunst folgendermaßen definiert: „Der Aphorismus führt Polemik gegen die Gesellschaft, gegen Binsenwahrheiten [d. h. auch Sprichwörter], gegen sture Denkarten, gegen ideologische Versklavung des Menschen"[7]. Sind die Beispiele der vorliegenden Sammlung aus der schöngeistigen Literatur mehr oder weniger zufällige Lesefrüchte, so sind die namhaften Aphoristiker der deutschen Sprache systematisch durchgearbeitet worden. Die sich daraus ergebende Materialfülle läßt den

5 Otto Grünmandl, *Das Ministerium für Sprichwörter* (Frankfurt 1970), S. 189.
6 Ingeborg Bachmann, *Das dreißigste Jahr* (München 1973), S. 44.
7 Gabriel Laub, *Denken erlaubt* (Gütersloh o. J.), S. 123.

Schluß zu, daß man in der Aphoristik durchaus von einer Untergattung des „sprichwörtlichen Aphorismus“[8] sprechen könnte.

Wie aber überlebt das Sprichwort in der alltäglichen Sprachwelt der Zeitungen und Zeitschriften? Auch hier werden Sprichwörter und Redensarten in ihrem ursprünglichen Wortlaut zitiert, wie das ebenfalls des öfteren in der Literatur passiert, aber es überwiegen doch wieder die bewußt entstellten Texte. Journalisten verwenden Sprichwörter als Schlagzeilen, wobei diese als Interpretationsanleitungen und Wertungsvorausnahmen gelten. Besonders in der geschickt variierten Formulierung wird eine solche Schlagzeile dann zum Aufmerksamkeitserreger, der zum Weiterlesen zwingt.[9] Eine ähnliche Funktion übernimmt das Sprichwort in seiner Verwendung als treffsicherer Werbeslogan, wobei der herkömmliche Text fast immer den merkantilen Zwecken entsprechend abgewandelt wird.[10] Zur Veranschaulichung solcher auf traditionellen Formeln beruhenden Manipulation des Konsumenten sind dieser Sammlung zahlreiche Werbeseiten beigefügt. Sie geben zu erkennen, wie sich heutzutage ein fragwürdiges Sprichwort fast spielerisch in einen modernen Werbeslogan verwandeln läßt. Dabei zeigt sich in der Tat die Regenerationskraft dieser angeblich überholten Spruchgattung.

Das Buch enthält eine beachtliche Anzahl von Karikaturen und anderen Witzzeichnungen. Diese Beispiele stehen im Gegensatz zu den ernsthafteren sprichwörtlichen Aphorismen und zeigen die Neigung heutiger Journalisten und Karikaturisten für das belustigende Sprachspiel. Fast jede Zeitschrift enthält eine oder mehrere Witzseiten, wo Sprichwörter humorvoll entstellt werden, und das gilt auch für die beliebten

[8] Vgl. Wolfgang Mieder, *Karl Kraus und der sprichwörtliche Aphorismus*, in: *Muttersprache*, 89 (1979), S. 97–115.

[9] Vgl. Werner Koller, *Redensarten. Linguistische Aspekte, Vorkommensanalysen, Sprachspiel* (Tübingen 1977), bes. S. 69–73.

[10] Vgl. Barbara und Wolfgang Mieder, *Tradition und Innovation: Proverbs in Advertising*, in: *Journal of Popular Culture*, 11 (1977), S. 308–319.

Witzkalender. Überall wird mit dem traditionellen Spruchgut gespielt, so daß ein längst banales Sprichwort zum Wortwitz wird. Alles, was oft oder zu oft zitiert wird, tendiert zur befreienden Parodie, und so kann es eigentlich nicht mehr überraschen, daß sich gerade auch das Sagwort heutzutage einer großen Popularität erfreut. Es gibt kaum eine Aphorismensammlung oder eine Illustrierte, in der nicht einige dieser neuen Sagwörter auftauchen, und auch Schriftsteller wie Bertolt Brecht, Hermann Kant und Martin Walser haben in ihren Werken selbsterfundene Sagwörter verarbeitet.
Bei den meisten Beispielen der vorliegenden Sammlung handelt es sich um sprachliche Eintagsfliegen, die es nur in den wenigsten Fällen zur Volkstümlichkeit der Sprichwörter bringen werden. In diesem Sinne ist diese Antisprichwörtersammlung auch etwas völlig anderes als die gewöhnlichen Sprichwörtersammlungen, von denen wir gewiß nicht noch eine populäre Auswahlsammlung brauchen. Was diese Antisprichwörter aber zeigen, ist, daß auch der moderne Mensch sich sprachlich und gedanklich nicht von der Formelhaftigkeit der Sprichwörter zu lösen vermag. Jedes der Zitate dieser Sammlung geht ja auf ein Sprichwort oder eine Redensart zurück, und die Bedeutung jeder Aussage liegt gerade auch darin, den eigentlichen Sprichworttext zu erkennen. Damit sind selbst diese Antisprichwörter beteiligt am fortwährenden Gebrauch der Sprichwörter, dieser sprachlichen Fertigware mit all ihrer Formelhaftigkeit[11], von der wir nicht loskommen – und warum sollten wir auch, solange wir uns bewußt sind, daß Sprichwörter nur *cum grano salis* zu genießen sind und nicht als der Weisheit letzter Schluß? Das Sprichwort ist keineswegs im Absterben begriffen, es scheint sogar in abgewandelter Form an Beliebtheit zu gewinnen. Daß seine Weisheit aber nicht zur bornierten Philisterweisheit absackt, dafür sorgen die immer populärer werdenden Antisprichwörter.

[11] Vgl. Hermann Bausinger, *Dialekte, Sprachbarrieren, Sondersprachen* (Frankfurt 1972), S. 141.

Zur Organisation der Sammlung ist folgendes zu sagen: Die 1500 sprichwörtlichen Aussagen sind alphabetisch nach dem Schlüsselwort des zugrundeliegenden Sprichwortes angeordnet und durchnumeriert. Darin folgt diese Sammlung den wissenschaftlich ausgerichteten Sprichwörter- und Zitatensammlungen. Der offensichtliche Vorteil einer solchen Anordnung liegt darin, daß man die verschiedensten Bearbeitungen eines Sprichwortes oder einer Redensart unter demselben Schlüsselwort verzeichnet findet, wobei diese chronologisch arrangiert sind. Für das bekannte Sprichwort „Wer anderen eine Grube gräbt, fällt selbst hinein" führt die Sammlung zum Beispiel unter dem Schlüsselwort *Grube* elf Bearbeitungen an (Nr. 408–418), deren Verfasser unter anderen Karl Kraus, Carl Zuckmayer, Günter Grass, Eugen Roth und Kurt Sigel sind. Das Sprichwort „Der Klügere gibt nach" wird ebenfalls oft in Frage gestellt (Nr. 627–634), wie die Analysen von Friedrich Hebbel, Marie von Ebner-Eschenbach, Hans Kudszus, Dieter Höss usw. zeigen. Unter *Morgenstunde* sind sogar sechzehn Variationen verzeichnet (Nr. 891–906), wovon einige von bekannten Schriftstellern wie Johann Nestroy, Bertolt Brecht, Erich Kästner und Siegfried Lenz stammen und andere entweder als Werbeschlagzeilen oder als witzige Formulierungen in Illustrierten und Kalendern gefunden wurden.[12] Ähnliche Anhäufungen von Sprichwortverzerrungen finden sich unter Schlüsselwörtern wie *Glaube, Gott, Herd, Herz, Hochmut, Hunger, Irren, Kleid, Kopf, Lachen, Land, Lüge, Meister, Müßiggang, Not, Pfennig, Rat, Ratte, Recht, Reden, Reise, Schaden, Schwalbe, Sonne, Stuhl, Sündenbock, Tag, Tod, Unglück, Wahl* und *Wein*, und man könnte über jede dieser Gruppen eine kleine kulturhistorische Arbeit verfassen, denn sie zeigen, wie Menschen in den letzten drei Jahrhunderten auf diese manchmal schon recht abgedroschenen Sprichwörter reagiert haben.

Für jeden Text, der oft so kurz ist wie das ursprüngliche Sprichwort, sich aber auch auf einen kritischen Paragraphen

[12] Vgl. Wolfgang Mieder, *Rund um das Sprichwort »Morgenstunde hat Gold im Munde«*, in: *Muttersprache*, 88 (1978), S. 378–385.

oder auf ein satirischen Gedicht (besonders bei Erich Kästner, Eugen Roth und Kurt Sigel) ausdehnen kann, befindet sich am Ende der Sammlung ein genauer Quellennachweis, der leider in vielen anderen Sammlungen entweder völlig fehlt oder nur unzulänglich angezeigt wird. Genannt werden für schriftstellerische Werke der Autor, die Bandnummer sowie die Seitenzahl, also etwa: Franz Kafka, Bd. 6, S. 70, oder einfacher: Gabriele Wohmann, S. 13. In vielen Fällen wurden verschiedene Buchpublikationen ein und desselben Autors durchforscht, und hier wird außer dem Autorennamen und der Seitenzahl jeweils auch eine Kurzfassung des Buchtitels zitiert, zum Beispiel: Erwin Strittmatter, Ochsenkutscher, S. 190, oder Erwin Strittmatter, Ole Bienkopp, S. 15. Stammt ein Zitat aus einer Anthologie, was nur selten der Fall ist, dann wird auch hier wieder der eigentliche Autor genannt, worauf eine römische Zahl und dann die Seitenzahl folgen: Gottlieb Konrad Pfeffel, VI, S. 67. Die römischen Zahlen sowie die vollen Titel der Werkausgaben oder der Einzelpublikationen werden in der umfangreichen Bibliographie zur Primärliteratur am Ende des Bandes aufgeschlüsselt. Die Quellen der Beispiele aus Zeitschriften, Zeitungen und Witzkalendern werden dagegen gleich vollständig nachgewiesen, zum Beispiel: Stern, Nr. 35, 21. August 1975, S. 62. Beachtet werden muß dabei unbedingt, daß sich die Zitate aus der Wochenzeitung *Die Zeit* auf die amerikanische Ausgabe dieser Zeitung beziehen, deren Seitenzahlen und Inhalt leider mit denen der deutschen Ausgabe nicht identisch sind. Schließlich folgt am Schluß des Bandes auf das Verzeichnis der Primärliteratur noch eine Zusammenstellung der wichtigsten Sekundärliteratur zur Infragestellung der Sprichwörter. Aufgrund der vorliegenden Sammlung dürften sich weiterführende Forschungsprojekte zur modernen und das heißt kritischen Einstellung zum Sprichwort ergeben. Ein zweiter Band mit weiteren 1500 Antisprichwörtern (Nr. 1501–3000) wird folgen. Es soll auch ein vollständiges Stichwörterverzeichnis zur Aufschlüsselung aller 3000 Antisprichwörter folgen.

Zu guter Letzt ist noch zu erwähnen, daß ein großzügiges Stipendium der Universität von Vermont diese Forschungsarbeit unterstützt hat. Geholfen haben aber auch Leslie Aronson, Christine Reimers und Beatrix Wessel, wofür ich ihnen meinen besten Dank ausspreche. Gewidmet sei das Buch allen meinen amerikanischen Germanistikstudenten, deren reges Interesse und willkommene Unterstützung meine Sprichwortforschungen so sehr erleichtern.

University of Vermont
Burlington/Vermont
USA

Wolfgang Mieder

Antisprichwörter

A

A

[1] Wer a sagt, der muß nicht b sagen. Er kann auch erkennen, daß a falsch war.

[2] Wer A sieht, sieht auch Nicht-A.

[3] Wer A sagt, muß auch B sagen. Aber was, wenn einer vom ganzen Alphabet nur das A kennt?

Aas

[4] Wo ein Aas ist, da sammeln sich die Adler. Wenn ich sage, das Volk ist das Aas, das der verschwenderische Fürst zum Fraß hinwirft, so brauche ich doch nicht zu sagen, wer die Adler sind?

[5] „Wo ein Aas ist, da sammeln sich die Adler", sagt der Hagiograph. Jetzt heißt es: Wo Adler sind, da sammeln sich die Leichen.

Achillesferse

[6] Die jetzigen Menschen sind zum Tadeln geboren. Vom ganzen Achilles sehen sie nur die Ferse.

Adam Riese

[7] *Ruhige Zeiten*
Ein Mensch sieht rings nur brave Leute:
Verschwunden ist die wilde Meute.
Nach Adam Riese zählt ein Kind,
Daß es die gleichen Leute sind.

AFFE

[8] Also, als Affe ja, sagte der Affe, aber als Politiker ganz entschieden nein.

ALTE (DAS)

[9] Auf ein ächtes Wort der Weisheit muß alles (scheinbar) beim alten bleiben; ist aber alles (scheinbar) sogleich geändert oder änderungswert, so war das Wort vom rechten Geist.

[10] Ihr nehmt teil an allem Neuen und laßt alles beim alten.

ALTEN (DIE)

[11] Sonst wie die Alten sungen,
So zwitscherten die Jungen;
Jetzt wie die Jungen singen,
Soll's bei den Alten klingen.
Bei solchem Lied und Reigen
Das Beste – ruhn und schweigen.

[12] Wie die Alten sungen,
Zwitschern auch die Jungen.
Ach, die Alten sangen
Doch besser als wir Rangen.

[13] So wie die Gescheiten singen, so zwitschern die Dummen.

[14] Wie die Alten sungen, so paffen die Jungen.

ALTER

[15] Achtung vor dem Alter! Die Torheit vorm Alter schützen!

[16] Müdigkeit schützt vor Torheit nicht.

[17] Floating schützt vor Sorgen nicht.

[18] Bildung hilft zur Klugheit nichts!

[19] Unkenntnis schützt vor Strafe nicht!

[20] Wußten Sie schon, daß auch die allergrößte Torheit nicht vor dem Altern schützt?

[21] „Unwissenheit schützt vor Strafe nicht", sagte der Quizmaster und gab dem Kandidaten einen Fernseher.

[22] Alter schützt vor Liebe nicht.

Amen

[23] Nix is mehr sicher
net emal des Amen in de Kersch

Andererseits

[24] Andererseits, sagte der Pfarrer, ist die Akustik jetzt besser.

Anfang

[25] Der alte Satz: Aller Anfang ist schwer, gilt nur für Fertigkeiten. In der Kunst ist nichts schwerer als beenden und bedeutet zugleich Vollenden.

[26] Aller Anfang ist Gefahr. – Der Dichter hat die Wahl, entweder das Gefühl von einer Stufe zur anderen zu heben und es so zuletzt sehr hoch zu steigern – oder es mit einem Überfalle zu versuchen und gleich von Beginn an mit aller Gewalt am Glockenstrang zu ziehn. Beides hat seine Gefahren: im ersten Fall läuft ihm vielleicht sein Zuhörer vor Langeweile, im zweiten vor Schrecken davon.

[27] Gewiß, und aller Anfang ist schwer. Überhaupt, alle Arbeit ist schwer, die diesen Namen verdient, nicht wahr?

[28] Aller Umfang ist schwer.

[29] Aller Umfang wiegt schwer!

Anklopfen

[30] Wer anklopft, dem wird aufgetan – wenn er kein Gläubiger ist.

ANWESENDE

[31] „Werte Anwesende“, sagte der Redner und fügte hinzu: „infolge der gestrigen Feier hoffentlich nicht allzu Abwesende!“

APFEL

[32] *Apfelmus*
Der Stamm fällt weit vom Apfel
Der Fall stammt vom weiten Apfel
Der weite Apfel fällt vom Stamm –
Der Apfel ist im Stamm
Der Stamm ist im Fall
Der Stamm des Apfels fällt
Der Fall, der Stamm, der Apfel:
Das Apfelmus.
Der Fall.
Das Fallapfelmus.

[33] Der Fladen fällt nicht weit vom Ochsen!

[34] Ein voller Bauch fällt nicht weit vom Stamm.

[35] Fällt der Apfel weit vom Baum,
schert dies die Stachelbeere kaum.

ARBEIT

[36] Arbeit macht Spass, aber wer kann schon Spass vertragen?

[37] „Arbeit macht das Leben süß“, seufzte der Millionär, der auch gern mal genascht hätte.

[38] D’ Arbeit ist kein Has’, die lauft nicht davon.

[39] Erst die Ehe – dann der Job.

[40] „Erst die Arbeit, dann das Vergnügen“, sagte der Ehemann und ging bis zum Fernsehkrimi mit seiner Frau ins Bett.

[41] „Wie die Arbeit, so der Lohn“, sagte der Kassierer und setzte sich mit der Kasse über die Grenze ab.

Arbeiten

[42] Sie sagen: Wer nicht arbeit't, der soll auch nicht essen, und wissen gar nicht, wen Sie allen mit diesem Ausspruch zum Hungertod verurteilen.

[43] Wer nicht arbeitet, soll auch nicht essen.
Wer nicht arbeitet, soll speisen.
Wer aber gar nichts tut, der darf tadeln.

[44] Wer nicht beischläft, soll auch nicht essen.

Arm

[45] beschränkt sein – gut: den Horizont auf den Arm nehmen.

Arme (der)

[46] Was dem Armen die Hoffnung, ist dem Reichen der Erbe.

Armut

[47] Über die Armut braucht man sich nicht zu schämen, da gibt's viel mehr Leut', die sich über ihren Reichtum schämen sollten.

[48] „Armut", heißt es wohl, „ist keine Schande", aber es heißt nur so. Denn sie ist den Besitzenden höchst unheimlich, ein Makel halb, und halb ein unbestimmter Vorwurf, im ganzen also sehr widerwärtig, und zu unangenehmen Weiterungen mag es führen, sich mit ihr einzulassen.

[49] Armut isse Schand fern guhde Bettler.

Arsch

[50] Ich habe schon manchem den Arsch geleckt und mich später gewundert, warum ich ihn nicht mehr riechen konnte.

[51] Die Menschenfresser leben heute überwiegend von künstlicher Ernährung: von denen, die ihnen in den Arsch kriechen.

Ast

[52] Der Phantast sägt so lange an seinem Ast, nicht bis der Ast, sondern bis die Säge entzwei ist.

Atmen

[53] Immer ruhig und tief atmen, hat der Doktor gesagt, als er den Gashahn aufdrehte.

Auf

[54] Auf, auf, sprach der Fuchs zum Hasen, hörst du nicht die Hasen blasen?

Aufhören

[55] freudsche fehlleistung. hört mir auf, sagte der unternehmer, ich weiß bescheiß.

Aufstehen

[56] Aufstehn am Morgen bringt Kummer und Sorgen.

Auge

[57] Da werden Sie Ohren machen!

[58] Aus den Augen, aus dem Wind.

[59] „Da bleibt kein Auge trocken", sagte der Betrunkene und begoß auch seine Hühneraugen mit Spirituosen.

[60] *Einem Ehemann*
Hier liegt ein Ehemann
  In wohlverdienter Ruh;
Erst drückt er eines, dann
  Das andre Auge zu.

[61] Er beging Mundraub an ihr. Doch drückte sie gerne beide Augen zu.

[62] „Man muß auch mal ein Auge zudrücken können", sagte der Einäugige und verschied.

[63] „Ich lese dir das an den Augen, an der Nase ab“, sagt man. Die Ohren sind schwerer zu entziffern.

[64] Er ist noch mit einem blauen Auge davongekommen, der eine Blauaugige heiratet.

[65] *Das blaue Auge*
Es ängstigt und beunruhigt uns vieles, aber man brauchte oft nur zu sagen: „Laßt es Wirklichkeit werden!“ und wir wären über den Berg. Das Opfer, das es uns kostet, schafft Tatsachen, die uns wieder zurechtrücken, womit nicht gesagt ist, daß sie uns nicht auch vernichten könnten. Aber da liegt noch vieles dazwischen, zum Beispiel das blaue Auge, mit dem man davonkommt.

[66] doppelt schlimm: die seher weinen sich die augen aus.

AUGIASSTALL

[67] Mancher geht in den Augiasstall,
Läßt uns dabei mit lautem Schall
Glauben, daß er Herkules ist,
Und vermehrt doch nur den Mist.

[68] Nur wer sich im Mist des Augiasstalles wohl fühlt, kann die Metapher von den Nestbeschmutzern angemessen gebrauchen.

AUSNAHME

[69] Ausnahmen sind nicht immer Bestätigung der alten Regel; sie können auch die Vorboten einer neuen Regel sein.

[70] Die Ausnahme ist der Nutznießer der Regel. Indem sie abweicht.

[71] „Ausnahmen bestätigen die Regel“, sagte der Strauß und steckte den Sand in den Kopf.

[72] Eine Ausnahme kann zur Regel werden; in der Regel gibt es dann keine Ausnahme mehr.

AXT

[73] Der Strick im Haus erspart den Kleiderschrank.

B

BACKE

[74] Er hielt die andere Backe so lange hin, bis man ihm einen Orden darauf klebte.

BANGE

[75[Bangemachen gilt nicht, sagte der Hase zum brüllenden Löwen. Da wurde er gefressen.

BANK

[76] Katastrophen sind der Ausbruch von auf die lange Bank geschobenen Übeln.

BART

[77] Beim Barte des Propheten! – Bei der Büste des Präsidenten!

BAUCH

[78] Die Behauptung, der volle Bauch studiere nicht gern, ist durchsichtige Propaganda für den leeren Magen.

[79] Mit vollem Bauch denkt man schwer, aber loyal.

[80] Ein blindes Huhn studiert nicht gern.

[81] Ein voller Bauch studiert nicht gern. Den Analphabeten der Erde die halbe Ration!

[82] Ein voller Bauch ist niemals leer!

Ein blindes Huhn studiert nicht gern

BAUM

[83] *Tag des Baumes*
Die US-Airforce
sorgt dafür,
daß die Bäumchen nicht
in den Himmel wachsen,
die US-Präsidenten
in Asien pflanzten.

BAYERN

[84] Bayern, sagte der König, ist ein Paradies von Tieren (Bestien hätte er sagen sollen) bewohnt.

BEFEHL

[85] Befehl ist eben nicht Befehl, wenn ein Verbrechen befohlen wird – es gibt keinen zwingenden Befehl gegen das Gewissen.

BEIN

[86] „Auf einem Bein kann man nicht stehen", sagte der Tausendfüßler zum Wirt, „schenken Sie mir also noch 999 Klare ein!"

[87] wenn sie euch beine machen wollen: tretet aus!

[88] Will einer marschieren und bricht sich den Fuß, hat ihm ein Engel ein Bein gestellt.

BEISSEN

[89] Wer nix mehr ze beiße hat
beißt doch – ins Gras

[90] Nix ze beiße un kaa Hemd uff'm Bauch
awwer zwaa Fernseher in de Schdubb

BEQUEMLICHKEIT

[91] „Bequemlichkeit ist die Hauptsache", sagte der Teufel, da setzte er sich auf die Flachshechel.

Berg

[92] Es kommt vor, daß Berge Mäuse gebären; manchmal tritt aber auch der entsetzliche Fall ein, daß einer Maus zugemutet wird, einen Berg zu gebären.

Besen

[93] Neue Bäder heilen gut.

[94] Neue Besen kehren nicht nur gut, sie sind auch hübscher als alte.

[95] „Neue Besen kehren gut", sagte der Gewinner einer Wette, als der Verlierer einen Besen fressen mußte.

[96] Kehren rote Besen besser?

Besser

[97] Besser, daß wir uns einer Eselsbrücke bedienen, als gar nicht von der Stelle zu können. Alles Gute ist uns dieses Weges gekommen, und wehe uns, wenn sie nicht mehr halten wollte!

[98] Besser unter der kahlsten Rebe geboren werden, als im Weinfaß.

[99] Ein Onkel, der Gutes mitbringt, ist besser als eine Tante, die bloß Klavier spielt.

[100] Jung am Galgen gehangen ist besser, als alt Zigarrenstummel suchen.

[101] Besser ein Schatz aus der Jauchegrube als ein Stein aus dem Bergquell.

[102] Besser als Olympia-Tauben
ist der Hausspatz in der Hand.

[103] Besser, sagt die sich, ein Mann, der im Bette sitzt und hustet – als gar keinen Mann.

[104] Besser Haut auf dem Hintern als einen Heiligen an der Wand.

[105] Besser heimlich schlau als unheimlich doof.

[106] Besser ein Haar in der Suppe als Suppe im Haar.

[107] Wussten Sie schon, dass es besser ist, eine 6 im Lotto zu haben als eine 8 im Velo?

[108] „Besser spät als gar nicht", sagte der Feuerwerker, als er mit dem Spätzünder in die Luft flog.

[109] Ein Nachbar in der Nähe ist besser als ein Bruder in der Ferne.

[110] Eine kleine Camera in der Hand ist besser als eine große in der Schublade.

[111] Ein Ehemann mit einer Schwäche für Frauen ist immer noch besser als einer mit einer Schwäche bei Frauen.

[112] Besser ein lebender Hund als ein toter Löwe? Lächerliche Frage. Wer kann sich das schon aussuchen.

[113] *Besser*
Besser dumm geschwetzt
als miehsam dauwes Korn gedrosche
besser uffen Bauch gefalle
als wie uffen hohle Kopp
besser de Schbatz in de Hand
als de Kuhschwanz uffem Dach
besser nix als wie gar nix
denn ehrlisch:
wann de derr in die aa Hand was winscht
un in die anner was scheißt
wo hasde da des mehrschst?

Betrug

[114] „Alles Betrug", sagte der Menschenfresser. „Sie kommen scharenweise freiwillig auf meinen Tisch, aber sind das noch Menschen?"

3 JAHRE AUF DIESE KODAK CAMERA GARANTIE
Eine kleine Camera in der Hand ist besser als eine große in der Schublade.
Viele Leute haben eine große Camera. Zu Hause. In der Schublade. Immer mehr Leute haben eine Kodak Mini-Instamatic Camera. Weil die immer dabeisein kann. Und blitzschnell zur Hand ist: Immer wenn's darum geht, ein gutes Foto zu machen.
Zwei Modelle stehen zur Wahl:
KODAK MINI-INSTAMATIC® S 30 Camera, die Preiswerte, und
KODAK MINI-INSTAMATIC® S 40 Camera, die Elektronische. Einen Anschluß für das Elektronenblitzgerät KODALUX 1 haben sie beide.
KODAK MINI-INSTAMATIC Camera... unterwegs die Erste.
Kodak
40/PU 30/40 LINTAS

Betten

[115] *Trübe Erfahrung*
Als Kind schon wir zu hören kriegen,
Daß wir, wie wir uns betten, liegen.
Doch dann sehn anders wirs verkettet:
Wer richtig liegt, wird gut gebettet.

[116] wie man sich bettet, so liegt man nicht lang

[117] Wie man sich fettet, so riecht man.

[118] Wie man sich bettet, so fährt man.

[119] Wie man sich badet, so steigt man heraus.

[120] Wie man sich bettet, so liest man.

[121] Wie man sich bettet, so fliegt man.

Beutel

[122] Schwer drückt ein voller Beutel, schwerer
Ein leerer.

Bild

[123] Ein Bild ersetzt tausend Worte? Was als flüchtiger Eindruck vorbeiflimmert, ist weg, verweht, vergessen. Was einen zweiten Gedanken wert ist, steht auf Papier, dauerhaft, nachprüfbar. Mit Bild oder ohne. Aber nie ohne Worte. Denn der Mensch denkt in Worten.

[124] Ein schöner Mund sagt mehr als tausend Worte.

Blatt

[125] Frechheit. Der Anstand nimmt das Blatt vom Mund.

[126] Warum können die Frauen so häufig kein Blatt vor den Mund nehmen? Weil Eva ein solches an anderer Stelle hatte.

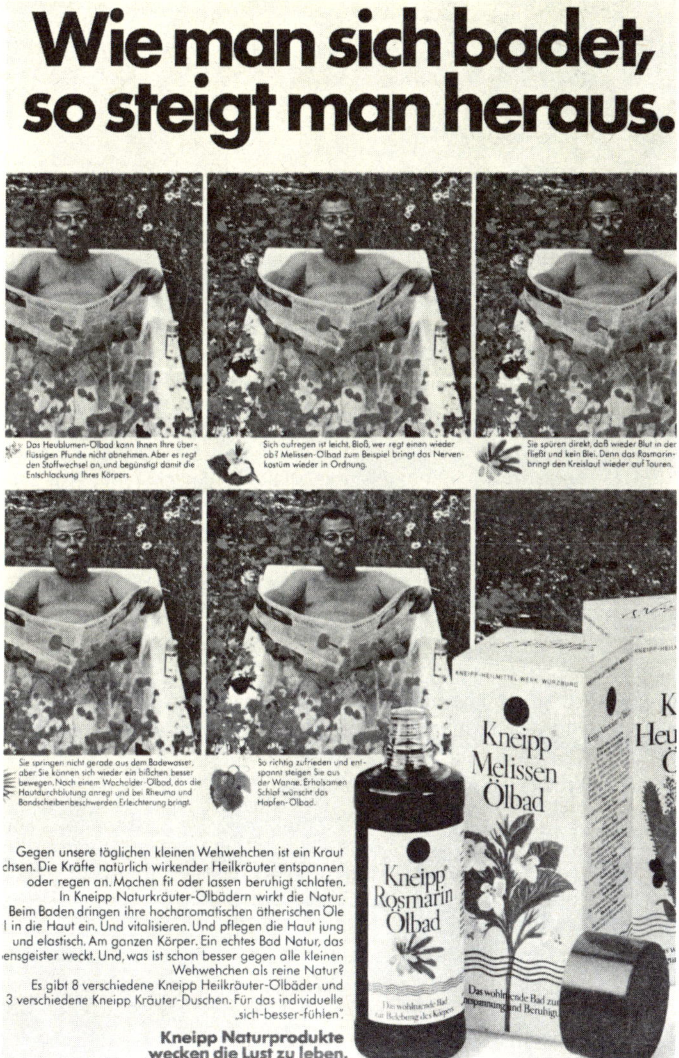

Wie man sich badet, so steigt man heraus.
Das Heublumen-Ölbad kann Ihnen Ihre überflüssigen Pfunde nicht abnehmen. Aber es regt den Stoffwechsel an, und begünstigt damit die Entschlackung Ihres Körpers.
Sich aufregen ist leicht. Bloß, wer regt einen wieder ab? Melissen-Ölbad zum Beispiel bringt das Nervenkostüm wieder in Ordnung.
Sie spüren direkt, daß wieder Blut in der fließt und kein Blei. Denn das Rosmarinbringt den Kreislauf wieder auf Touren.
Sie springen nicht gerade aus dem Badewasser, aber Sie können sich wieder ein bißchen besser bewegen. Nach einem Wacholder-Ölbad, das die Hautdurchblutung anregt und bei Rheuma und Bandscheibenbeschwerden Erleichterung bringt.
So richtig zufrieden und entspannt steigen Sie aus der Wanne. Erholsamen Schlaf wünscht das Hopfen-Ölbad.
Gegen unsere täglichen kleinen Wehwehchen ist ein Kraut chsen. Die Kräfte natürlich wirkender Heilkräuter entspannen oder regen an. Machen fit oder lassen beruhigt schlafen.
In Kneipp Naturkräuter-Ölbädern wirkt die Natur. Beim Baden dringen ihre hocharomatischen ätherischen Öle l in die Haut ein. Und vitalisieren. Und pflegen die Haut jung und elastisch. Am ganzen Körper. Ein echtes Bad Natur, das ensgeister weckt. Und, was ist schon besser gegen alle kleinen Wehwehchen als reine Natur?
Es gibt 8 verschiedene Kneipp Heilkräuter-Ölbäder und 3 verschiedene Kneipp Kräuter-Duschen. Für das individuelle „sich-besser-fühlen".
Kneipp Naturprodukte wecken die Lust zu leben.
Kneipp Rosmarin Ölbad
Kneipp Melissen Ölbad

BLICK

[127] bei manchen leuten ist man froh, daß sie einen keines blickes entwürdigen.

BLINDE (DER)

[128] Unter Blinden ist zuweilen der Seher.

[129] Unter Blinden ist der Einäugige König. Unter Zweiäugigen der Blinde.

BLUT

[130] Blut ist dicker als Wasser; Krach ist dicker als Blut, und stärker als alle drei beide ist die Gewöhnung.

BOCK

[131] Wenn der Richter einen Bock schießt, schlachtet der Advokat ihn ab.

BOCKSHORN

[132] soll jeder sich selbst ins Bockshorn jagen

BOOT

[133] Wir sitzen alle im gleichen Zug
Und reisen quer durch die Zeit.
Wir sehen hinaus. Wir sahen genug.
Wir fahren alle im gleichen Zug.
Und keiner weiß, wie weit.

[134] Nicht schon wieder streiten, bitte. Wir sitzen alle im selben Rolls. Essen alle vom selben Ferkel, zum Wohl.

[135] Wir sitzen alle im selben Boot. Nur: Die einen legen sich in die Riemen, die anderen ans Steuer.

BRAUCHEN

[136] „Was gebraucht wird, wird gemacht“, sagte der Schuster und fertigte Schuhe, aus denen die nackten Zehen des Kunden herauslugen konnten!

BRAUT

[137] Wenn die Braut im Bette schreit,
ist der Frühling nicht mehr weit!

BREI

[138] Die Sprache geht sammetpfotig um den Brei, der nicht so heiß gegessen wird.

[139] Manche Sehnsucht geht um den heißen Brei, auch wenn dieser schon kalt ist, immer in der Furcht, sich zu verbrennen. Aber nur Geduld! Die Hitze ist längst übergesprungen und verzehrt die Sehnsucht von innen.

[140] Heißer Brei und viele Köche.

[141] Polonaise um den heißen Brei.

BREIT

[142] Menschen, die nicht groß sind, machen sich gerne breit.

BRETT

[143] Jeder Mensch hat ein Brett vor dem Kopf – es kommt nur auf die Entfernung an.

[144] Wir unterscheiden uns ein wenig auch durch die Art des Holzes, woraus die Bretter vor unserem Kopfe sind.

[145] Aach der hat e Brett vorm Kopp
awwer aans mit Gucklecher drin

BROCKEN

[146] Wußten Sie schon, daß der Harz für gute Bergsteiger kein harter Brocken ist?

BROT

[147] Trocke Brot mecht Backe rot
beleechde Breeder mache se reeder

[148] Wer meine Brötchen isset, dessen Bier ich trinke.

[149] „Wes ‚Brot ich eß', des ‚Lied ich sing' ", sagte der Bäcker und brachte einen Toast auf sich aus.

Brücke

[150] Brücken ins Leere und hinüber zu schlagen, lohnt sich nur über Abgründe hin; denn sonst kann man einfach gemächlich ins Tal hinabwandeln und auf der anderen Seite wieder hinauf.

Buchstabe

[151] Der „starre Buchstabe des Gesetzes"? Das Leben selbst ist zum Buchstaben erstarrt, und was bedeutet neben solchem Zustand die Leichenstarre der Gesetzlichkeit!

Butter

[152] *Alte Geschichte*
Die junge Eh wär in Butter –
Macht' nicht oft die Schwiegermutter –
Und just die bemühte,
Durch sorgende Güte,
Sie täglich kaputt und kaputter.

Butterbrot

[153] Minister fallen wie Butterbrote: gewöhnlich auf die *gute* Seite.

D

Dach

[154] Wer ein Dach über dem Kopf hat, sieht nicht mehr den Himmel über sich.

[155] Je höher die Paläste werden, desto schwerer kann man den Verantwortlichen aufs Dach steigen.

[156] Soll man immer gleich das Dach abdecken, wo doch die Wahrheit denen, um die es sich handelt, schon im Gesicht steht?

Damoklesschwert

[157] Die Apokalypse ein Damoklesschwert. Die Gläubigen warten nur auf den Fall.

Dampf

[158] wenn sie euch dampf machen wollen: pfeift ihnen etwas!

Deichseln

[159] Manches kann nicht gedeichselt werden, es sei denn, es wird geschaukelt.

Denken

[160] Erst lesen. Dann bauen.

[161] Erst beten, dann treten.

[162] Erst gurten – dann starten.

Deutsch

[163] Man muß mit Deutschland deutsch sprechen.

[164] Schreiben, um einmal deutsch zu reden.

Ding

[165] Aller guten Dinge sind sieben.

[166] „Aller guten Dinge sind drei“, sagte das vierte Rad am Wagen und ließ die Luft ab.

[167] „Gut Buch will Weile haben.“ – Jedes gute Buch schmeckt herb, wenn es erscheint: es hat den Fehler der Neuheit. Zudem schadet ihm sein lebender Autor, falls er bekannt ist und manches von ihm verlautet: denn alle Welt pflegt den Autor und sein Werk zu verwechseln. Was in diesem an Geist,

Süße und Goldglanz ist, muß sich erst mit den Jahren entwickeln, unter der Pflege wachsender, dann alter, zuletzt überlieferter Verehrung. Manche Stunde muß darüber hinlaufen, manche Spinne ihr Netz daran gewoben haben. Gute Leser machen ein Buch immer besser und gute Gegner klären es ab.

[168] Gut Kind will Keile haben!

[169] Gut Pflaster will Weile haben.

[170] Gut Ding will Eile haben.

[171] Jedes Ding hat zwei Seiten – der Satiriker sieht nur eine und will nur eine sehen. Er beschützt die Edlen mit Keulenschlägen und mit dem Pfeil, dem Bogen. Er ist der Landsknecht des Geistes.

[172] „Jedes Ding hat zwei Seiten", sagen die Alten. „Jedes Ding hat seine positive und seine negative Seite", sagt Lehrer Sigel. Das ist umständlicher, dafür wissenschaftlich und keineswegs falsch.

[173] Jedes Ding hat seine zwei Seiten, auch die Briefmarke, eine Vor- und Rückseite.

[174] Jedes Ding hat zwei Seiten,
doch das beste nur zwei – Rückseiten.

[175] „Man muß die Dinge nehmen, wie sie kommen", sagte der Mann, als sein Silvesterfeuerwerk nach hinten losgegangen war.

DORN

[176] die apo ist ein dorn im auge des gesetzes, der scheints nur, unter zwinkern, zu krokodilstränen reizt.

DRECK

[177] der minister sucht helfer. sie sollen ihm die karriere aus dem dreck ziehen.

Gut Kind will Keile haben!

Gut Ding will Eile haben.

Dreckig

[178] Jahrelang ging es ihm dreckig, dann fiel er einer Säuberungsaktion zum Opfer.

Drehen

[179] Reg Dich doch nicht auf! In den meisten Familien dreht sich alles um den Mann!

Dumm

[180] Sei dumm. Doch sei es mit Verstand.
Je dümmer, desto klüger.

E

Ehe

[181] Ehen werden im Himmel geschlossen, aber daß sie gut geraten, darauf wird dort nicht gesehen.

Ehehafen

[182] Will man im Ehehafen für immer bleiben, muß man seinen ganzen Dampf ablassen.

Ehrlich

[183] Dieb-sein währt am längsten.

[184] Ewig währt
am längsten

[185] Die Liebe währt am längsten
und sie erkennt uns nie.

[186] Sauber fährt am längsten.

[187] Qualität währt am längsten.

[188] Qualität fährt am längsten.

[189] Honig klebt am längsten!

[190] Kohle: Billig währt am längsten.

[191] Ehrlich währt am längsten: Die Eiligen verabschieden sich von der Wahrheit, um sich die Spitze zu sichern.

Ei

[192] „Ach, du dickes Ei!" sagt man, wenn einem, weiß der Kuckuck, wer ein Ei ins Nest gelegt hat. Was mag wohl die Kohl-Meise sagen, wenn sie ein Ei vom Strauß ausbrüten muß?

[193] *Rechenaufgabe für die Unterstufe*
Im Museum
sitzt Kolumbus
und köpft stündlich sein Ei.
Berechne,
wieviel Geistesblitze
Kolumbus der Menschheit schenkte
seit 1493
und wieviel davon fallen
auf uns
pro Kopf.

[194] Das Ei des Tyrannen

[195] „Jemanden wie ein rohes Ei behandeln" heißt nicht unbedingt, daß man sehr vorsichtig mit ihm umgeht. Es kann auch bedeuten, daß man ihn ganz einfach in die Pfanne haut.

[196] „Wie auf Eiern gehen" kennen wir aus der Seemannssprache. Wenn Seeleute nach langer Schiffsreise ein Eiland betreten, so ist ihr Gang oft unsicher. Auf der Osterinsel ließ sich früher sogar der sogenannte Eiertanz beobachten.

EIGENLOB

[197] Man sagt: „Eitles Eigenlob stinket.“ Das mag sein; was aber fremder und ungerechter Tadel für einen Geruch habe, dafür hat das Publikum keine Nase.

[198] „Eigen Lob stinkt“; ein Sprichwort, daß in manchem Sinne zu begränzen ist. Abgesehen davon, – was schon ein Besserer gesagt hat – daß fremder Tadel auch nicht gut riecht, – kann sich die Bildung und der Werth, das Selbstbewußtsein verbergen? Und weiß irgend wer, was ein tüchtiger Mensch vermag und leistet, so zu begreifen, wie dieser selbst? Nein, nein! Das Anch'io des Corregio verdient Ehrfurcht, und wenn Einer, was immer, recht kann und versteht, so mag er's nur immer mit freudigem Behagen bekennen, wie es die Helden Homers gethan; mag immer sich seines Werthes vor den Seinen freuen, und sagen: „Das haben mir die Götter gegönnt, – das hab' ich aus mir gemacht!“ Hinter jeder Selbsterniedrigung verbirgt sich etwas, – selten etwas Gutes. – Aechte Bescheidenheit ist: Zu wissen und nicht zu beginnen, was man nicht vermag, und zu schweigen, wo Thoren prahlen.

[199] Sprache, Spruch, Geruch.
In jeder Verszeile stinkt es nach Eigenlob.

[200] Eigentor stinkt.

EILE

[201] *Die Geschminkte*
Wie golden ist die Regel nicht:
Man eile nur mit Weile!
Jüngst eilt' Annette fort, und über dieser Eile
Vergaß sie ihr Gesicht.

[202] Eile mit Keile.

[203] „Eile mit Weile“ sagt man in Schwaben, wo man es noch versteht, ein Eile in aller Ruhe zu verspeisen. Aus derselben Gegend stammt übrigens auch die Redensart „Wer ei sagt, muß auch freilich sagen“.

[204] Eile ohne Weile.

EINKEHR

[205] Zur Einkehr ist es nie zu spät. – Das behaupten auch die Bezechten.

EINMAL

[206] „Einmal ist keinmal." Dies ist das erlogenste und schlimmste unter allen Sprichwörtern, und wer es gemacht hat, der war ein schlechter Rechnungsmeister oder ein boshafter. Einmal ist wenigstens einmal, und daran läßt sich nichts abmarkten. Wer einmal gestohlen hat, der kann sein Leben lang nimmer mit Wahrheit und mit frohem Herzen sagen: Gottlob! ich habe mich nie an fremdem Gut vergriffen, und wenn der Dieb erhascht und gehenkt wird, alsdann ist einmal nicht keinmal. Aber das ist noch nicht alles, sondern man kann meistens mit Wahrheit sagen: „Einmal ist zehnmal und hundert- und tausendmal." Denn wer das Böse einmal angefangen hat, der setzt es gemeiniglich auch fort. Wer A gesagt hat, der sagt auch gern B, und alsdann tritt zuletzt ein anderes Sprichwort ein, „daß der Krug so lange zum Brunnen geht, bis er bricht".

[207] „Einmal ist keinmal" für den Henker, nie für sein Opfer.

[208] „Einmal und nicht wieder", sagte die Brautjungfer, als sie im Bett des Bräutigams aufwachte.

EISEN

[209] Es bleibt der Dummheit überlassen
ein heißes Eisen anzufassen.
Die Klugheit (obwohl auch nicht bange)
nimmt eine Zange.

[210] Man soll das Eisen schmieden mit jedem Feuer. Vorausgesetzt, daß man Eisen hat.

ELEFANT

[211] *Trotz allem*
Ein Elefant im Porzellangeschäfte
nimmt sich trotz allem doch noch besser aus

als eine alte Meißner Tasse
im Elefantenhaus.

[212] Wenn ein Elefant einen Laden voller Porzellanscherben betritt und bei seinem Weggehen in den Vitrinen wieder lauter heiles Geschirr steht, so ist das Wunder geschehen, an das jeder Psychotherapeut glaubt.

[213] Wussten Sie schon, dass sich in der Serengeti wegen der vielen Elefanten keine Porzellanläden halten können?

ENDE

[214] Alles hat ein Ende, selbst die Wurst, wenn sie aufgegessen ist.

[215] Ums dicke Ende kommt keiner herum, ob er nun von vorn anfängt oder schlauerweise von hinten.

[216] „Das dicke Ende kommt nach", sagte der Mann, der mit dem Kopf durch die Wand ging.

[217] *Happy end, d. h. Ende gut*
Wenn zwei zum Schluß sich kriegen, sprecht:
Ende gut – alles schlecht!

[218] *Der Selbstwert des Tragischen*
Es schwimmt der Held im eignen Blut?
Ende schlimm – alles gut!

[219] Ende gut, alles schlecht.

[220] Ende gut, manches gut.

[221] Rente gut, alles gut.

[222] Kalender gut – alles gut!

[223] „Ende gut, alles gut", sagte der Sterbende, als ihm die Lottozahlen mitgeteilt wurden.

[224] „Ernte gut, alles schlecht", sagen die Bauern, wenn sie ihre Erzeugnisse wegen der anhaltenden Überschußsituation nicht

in die Scheuer, sondern zur Müllkippe fahren müssen. Wohl dem, der mit einer Mißernte aufwarten kann.

[225] Käse gut – alles gut!

[226] „Ende gut, alles gut" stimmt nicht unbedingt. Vor allem bei Wurstwaren sollte man darauf achten, daß sie auch an anderen Stellen in Ordnung sind.

[227] Auto gut – alles gut.

[228] Magen gut, alles gut!

[229] Ende gut. Anfang gut.

[230] Ende gut – nicht alles gut.

ERDE

[231] Die alte Redeweise für Gestorbensein: die Erde verlassen haben, kann man nicht mehr verwenden. Astronauten haben die Erde mehr verlassen als Gestorbene, wobei man getrost die Kreise der Seele und des Geistes, auf welche Weise auch immer, dem Leib und der Materie, also der Erde zuordnen kann.

ERFRISCHEN

[232] „Das erfrischt", sagte die Katz'; da fiel sie in ein Regenfaß.

ERNIEDRIGEN

[233] Lukas 18, 14 verbessert. – Wer sich selbst erniedrigt, will erhöhet werden.

[234] Wer erniedrigt wird, der wird erhöht.

ERNTEN

[235] Diese ewige Leier der zahnlosen Alten, die nicht ernten wollen, was sie gesät haben?

Magen gut, alles gut!

Wenn Ihnen Übelkeit, Unlust und Unwohlsein den Tag verderben, wenn im nervösen Alltag alles auf den Magen schlägt, brauchen Sie schnelle Hilfe für den schwachen Magen. Auch bei Aufstoßen, Magendruck und Völlegefühl fehlt der gesunde Ausgleich, brauchen Magen, Leber und Galle das belebende

Somara®

Arzneikräuter-Tonikum

Denn im SOMARA wirkt die Kraft der Natur. Durch Stärkung der Verdauungsorgane, Belebung des Stoffwechsels und Anregung der Gallenflüssigkeit. SOMARA führt auch bei Daueranwendung nicht zur Gewöhnung, ist bekömmlich, wohlschmeckend und vor allem:

Frei von Nebenwirkungen, rein + verträglich.

IN APOTHEKE – DROGERIE – REFORMHAUS. AUCH IN ÖSTERREICH.

[236] Künstler heute. Sie wollen ernten, was nie gesät wurde.

Esel

[237] „Ich und mein Esel“, sagte der Mann auf dem Eselsrücken, „sind vollkommen frei. Wir reiten, wohin wir wollen.“ – „Jawohl, so ist es“, sagte der Esel.

[238] Wenn's dem Esel zu wohl wird,
bietet er ein Königreich für ein Pferd.

[239] Wenn's dem Esel zu wohl wird,
legt er seine goldenen Dukaten in Achtprozentern an.

Eselsbrücke

[240] Über manche Gedankenlücke
Bilden Zitate die Eselsbrücke.

Essen

[241] Nichts wird so heiß gegessen, wie man es kocht – ein schwacher Trost für die schwitzenden Würstchen.

[242] Wenn wir einen Menschen, der sich unbeobachtet glaubt, langsam und mühselig-genußvoll in der Nase bohren sehen, so versetzt uns dieser Anblick in eine kribbelige, eigentümliche Wut. Man möchte ihm auf die Finger hauen, diesem unerzogenen Rüpel . . . nun hör doch schon endlich auf . . . na, Gottseidank! Selber popeln macht fett.

[243] Selwer esse un trotzdem dinn bleiwe

Eule

[244] Das heißt recht Eulen nach Athen oder Compendia nach Göttingen tragen.

[245] Das Trapsen der Nachtigall ist dem andern sin Uhl!

[246] „Wat den enen sin Uhl, is den annern sin Nachtigall“, sagte der Vogelkundler zu seinem kurzsichtigen Kollegen.

EXTRAPOST

[247] Göttliche Eisenbahn! Du hast das Sprichwort: „Das geht auf der Extrapost!“ zu schanden g'macht.

F

FADEN

[248] Puppenspieler du hast den Faden verloren
da fallen die Köpfe

[249] *Rätselhafte Krankheit*
Ein Industrieller aus Dortmund,
Dem zu Dienst jede Phrase sofort stund,
Muß jetzt beim Diktieren
Den Faden verlieren:
Er leidet unheilbar an Wortschwund.

FAHRRAD

[250] Wer seinen Wagen liebt, der liest.

FALL

[251] *Anfälligkeit*
Gefallsucht hat, oft über Nacht
Schon manche Frau zu Fall gebracht.

[252] Im Falle eines Falles ist Haltung wirklich alles.

FALSCH

[253] Die Welt entwickelt sich. Was gestern falsch war, kann morgen richtig sein.

FEBRUAR

[254] Sonnt sich der Dachs in der Lichtmeß-Woch',
Wird ihm warm oder es friert ihn noch.

FEDER

[255] Er sagte: „Fremde Federn schmücken am besten.
Den eigenen sieht man die Last des Wachstums an.“

[256] Wussten Sie schon, dass es Mädchen gibt, die sich gern mit fremden Vettern schmücken?

FEIND

[257] Ein Sprichwort sagt, darauf magst du dem Glücke bauen:
Dem Feinde soll man selbst zur Flucht die Brücke bauen.
Im Feld des Krieges zwar ist manches auch dawider;
Laß heut den Feind entfliehn, so kommt er morgen wieder;
Hingegen unbedingt gilt's in des Lebens Krieg:
Verfolge nicht zu weit den Feind um deinen Sieg.

FELL

[258] *Schlechter Tausch*
So manch übermütiger G'sell,
Den gejuckt in der Jugend das Fell,
Verliert seine Mucken:
Das Altersjucken
Tritt schmerzhaft an dessen Stell.

FEST

[259] Man soll die Früchte feiern wie sie fallen.

[260] „Man muß die Toten feiern wie sie fallen“, pflegte unser stets besoffener Pfarrer zu lallen, bevor er seine Haushälterin zum Kreischen brachte.

[261] Mann muß die Feste feiern, wie die Mädchen fallen.

[262] „Man muß die Feste feiern, wie sie fallen“, sagte der Vergnügungssüchtige, als er an seinem Geburtstag auf zwei Hochzeiten tanzte.

[263] Man soll die Tore feiern, wie sie fallen.

38% Vol.
SchlehenFeuer
WILDFRUCHTLIKÖR
W. MAST KOMMANDITGESELLSCHAFT · WOLFENBÜTTEL
Man soll die Tore feiern, wie sie fallen.
Mit SchlehenFeuer bringt man sich großartig in Siegesstimmung.
Dieser einzigartige Wildfruchtlikör aus kostbarstem karibischen Rum hat die Glut tropischer Sonne, die fruchtige Herbe wilder, frostgereifter Schlehen und die männliche Kraft von 38 Prozent Alkohol.
Damit kann man sich ganz schön anfeuern.
Der Mann unter den Likören.
Herb. Fruchtig. Feurig.

[264] Man soll die Tore so feurig feiern, wie sie fallen.

[265] Für Alle, die die Würfel feiern wie sie fallen.

FINDEN

[266] Wenn jemand zu mir sagt: „Finden Sie nicht auch?", laß ich ihn allein suchen.

FINGER

[267] Das Elektronengehirn errechnet die Katastrophe. Wir zählen sie uns an den Fingern ab.

[268] Wenn er Ihnen schon einen kleinen Grand Marnier reicht, warum nehmen Sie nicht die ganze Hand?

FISCH

[269] Emanzipierte Weiber gleichen Fischen, die ans Land gekommen sind, um der Angelrute zu entgehen. Faule Fische fängt der faulste Fischer nicht.

FLEISS

[270] Ohne Fleiß kein Wein.

[271] Ohne Preis kein Fleiß.

[272] Ohne Preis kein Sieg.

[273] Ohne Fleiß kein Reis!

FLINTE

[274] Geschäftssinn rät, die Flinte nicht ins Korn zu werfen – ehe geerntet ist.

FLOH

[275] Karlchen hat gesagt, daß er dich jetzt auch für begabt hält. – Wer ist Karlchen? – Das ist dein Floh im Ohr.

[276] Illegaler Mann im Ohr.

Illegaler Mann im Ohr

Frage

[277] Noch ein kleiner Vergiftungsspruch: Schmeicheleien kosten nichts! Wahr: wenn man seinen und Anderer moralischen Werth für nichts rechnet.

[278] Zukunft kostet nichts.

[279] Fragen kosten Nerven.

[280] Die Frage kostet nichts, aber die Antwort . . . die kann teuer kommen.

Fragen

[281] Angucken kostet nichts.

[282] Wer viel fragt, bekommt viele Antworten – je umfangreicher, desto inhaltsärmer.

Frei

[283] Ich bin so frei, sagen die Dilettanten der Politik, und dann greifen sie zu, sich vollstopfend, bis ihr Bauch revoltiert und alles wieder herausbricht.

Fressen

[284] Es gibt Literaten, die sagen: Friß mein Buch und sage, daß es gut schmeckt, oder stirb!

[285] Schieß oder stirb!

[286] Sprich oder stirb.

[287] Schrumpf Oper, oder stirb!

[288] Des Fernsehens Devise: Wirb oder stirb.

Freund

[289] *Hülfe in der Not*
Ein rechter Freund erscheint uns in der Not
Zu rechter Zeit und sicher, wie der Tod.

Doch offen, Bester, sag' ich dir,
Du hast eine ganz verwünschte Manier!
Du trocknest mir den Jammerschweiß,
Und machst mir doch die Hölle heiß,
Du bringst das ganze Jüngste Gericht
Mit dir – bei Gott, so meint' ich's nicht!

[290] Wer keinen Freund hat, verdient keinen; ein halb wahrer Satz. Aber wer keinen Feind hat, verdient keinen Freund; möchte eher zu beweisen sein.

Freundschaft

[291] *Freundschafft*
Freundschafft ist ein theurer Schatz; immer hört man davon sagen,
Selten rühmt sich einer recht, daß er ihn davon getragen.

Fünf

[292] Es ist zuweilen nothwendig, fünf gerade seyn zu lassen. Ich habe diese Lehre mein ganzes Leben hindurch, aus natürlicher Nachgiebigkeit, mehr als ich sollte, befolgt. Aber dazu habe ich mich doch nie verstehen können, wenn ich fünf gerade seyn ließ, auch noch feierlich zu betheuern, es gebe kein Gerade, oder fünf sey das Gesetz des Geraden.

[293] Wer nicht bereit ist, einmal fünf gerade sein zu lassen, der hat auch kein Talent zum Glück.

Fürchten

[294] Man muß niemand fürchten als sich selbst.

Fuss

[295] Wer auf großem Fuße lebt,
muß mit Absatzsorgen rechnen.

[296] Wenn einem jemand zu Füßen liegt, ist man oft gezwungen, auf der Stelle zu treten.

[297] Der Astronaut steht mit beiden Füßen auf der Erde.

[298] Er stand bereits mit einem Fuß im Grab. Aber was will das bei Tausendfüßlern schon besagen?

G

Galgenhumor

[299] Wirklicher Geist ist schließlich doch gelassener Galgenhumor.

Gänsehaut

[300] Hagel. Der Regen bekam Gänsehaut.

Gaul

[301] Ein wildgewordenes Schlagwort ist gefährlicher als ein durchgehender Gaul, gefährlich für den Reiter, für das Publikum, für die Schaufenster und für das zerbrechliche Porzellan hinter diesen Schaufenstern.

[302] Jede Theorie hat Sporen. Bei hartem Gebrauch geht der Gaul durch und die Zeit bricht sich das Genick.

Geben

[303] Ich pflege nicht zu nehmen, sondern zu geben. Ich bin kein Konsument von Güte – ich produziere Gut.

[304] Receiverkenntnis: Wiedergeben ist seliger als nur empfangen.

[305] Geben ist seliger als Nehmen, sagte sich der Kirchenvorstand und verteilte Steuerbescheide unter das Volk.

Gedanke

[306] Gedanken sind zollfrei. Aber man hat doch Scherereien.

[307] „Gedanken sind zollfrei", sagte der Mann, der Mordgedanken hegte, als er beim Zoll die Koffer öffnen mußte.

Gehen

[308] Wie gehts, sagte ein Blinder zu einem Lahmen. Wie Sie sehen, antwortete der Lahme.

[309] Sich gehen lassen. – Je mehr sich einer gehen läßt, um so weniger lassen ihn die andern gehen.

Geist

[310] Wie oft! Wie unverhofft! – Wie viele verheiratete Männer haben den Morgen erlebt, wo es ihnen tagte, daß ihre junge Gattin langweilig ist und das Gegenteil glaubt! Gar nicht zu reden von jenen Weibern, deren Fleisch willig und deren Geist schwach ist!

[311] Der Geist ist billig, aber das Fleisch ist teuer.

[312] Friedensfest. – Der Geist ist willig, das Fleisch ist schwach, der Herr Hauptmann wird ein Einsehen haben, sagt der Soldat, der vom Niedermachen müd ist und den letzten Feind laufen läßt.

[313] Nicht immer ist der Geist willig und das Fleisch schwach; es gibt Frauen, bei denen ist der Geist schwach, doch das Fleisch durchaus willig.

[314] Das Fleisch ist willig – aber der Koch ist schwach.

[315] Mens sana in corpore sano = Wer in die Mensa geht, braucht einen gesunden Körper.

Gelb

[316] Gelb vor Neid, ärgern sich manche grün und blau, und dann sehen sie rot, nicht ohne auszurufen: schwarz soll er werden!

Geld

[317] „Bargeld lacht", sagte der Kreditgeber, als man ihn am Zinsfuß kitzelte.

[318] Bargeld lacht. Ist das Lachen schmierig, dürfte es sich um Schmiergeld handeln.

[319] Obwohl, dem Sprichwort entgegen, das Geld nicht auf der Straße liegt, gibt es Menschen, die's finden. Sie kommen des Wegs, gucken in die Luft, bücken sich plötzlich und haben ein Geldstück in der Hand.

[320] „Ich trinke Jägermeister, weil das Geld auf der Straße liegt – man muß es nur hinwerfen."

[321] Geld stinkt – stiller Vorbehalt: nur das nicht, was wir selber verdienen.

[322] Geld stinkt nicht, aber Ratten.

[323] Geld stinkt nicht.

[324] Kaum einer, der im Gelde schwimmt und nicht darin ersäuft.

[325] Wer Geld sät, soll Kapital ernten.

Gelegenheit

[326] Gelegenheit macht Verlegenheit.

[327] Gelegenheit macht Liebe.

Gentleman

[328] Gentlemen ziehen Blondinen vor, nehmen aber, was sie bekommen können.

Geradestehen

[329] die soldaten müssen für die fehler der politiker geradestehen.

Geschäft

[330] Geschäft ist Geschäft: weil jene es sagten, sagten diese, es seien Händler. Jene aber meinten, daß Geschäft Geschäft sei und nicht auch Leben und Religion.

GESCHEHEN

[331] *Gottes Wille*
„Alles geschieht nach Gottes Willen“.
Freilich. Nur eins, mein frommer Mann:
Gehst du aufs Meer, so denk im stillen:
Gott will, daß ich – schwimmen kann!

GESCHIRR

[332] „Ich wasche mein Geschirr am liebsten selbst“, sagte die Filmdiva. „Dabei kann ich wenigstens nachdenken.“

GESCHMACK

[333] Jeder nach seinem Schnabel.

[334] „Über den Geschmack läßt sich nicht streiten“: die Angst des Gefühls vor dem Intellekt.

[335] „Über Geschmack läßt sich nicht streiten“, sagte der Gast und erschlug den Koch mit der Hammelkeule.

GESCHREI

[336] Viel Gewitter und wenig Regen.

GESICHT

[337] Narr. Wer zu Füßen lebt, sagt die Wahrheit nicht ins Gesicht.

[338] Er kann ruhig sein Gesicht verlieren. Er besitzt mehrere.

[339] Wenn jemand seine Maske wechselt, sagen wir: „Er hat sein Gesicht verloren“.

GEWALTSZENE

[340] *Konsequenz*
„Gewaltszenen
machen brutal!“
sprach Herr Müller
und schlug

seinen Sohn weg
vom Fernsehgerät.

GEWINNEN

[341] 1933. – Des Deutschen Nation ist wie des Neureichen Vermögen in der Inflation: gestern gewonnen, morgen zerronnen. Heute aber, heute haut er alles auf den Kopf.

GEWISSEN

[342] Mein schlechtes Gewissen ist für dich das beste Ruhekissen.

[343] Das beste Ruhekissen:
Ein autoritäres Gewissen.

[344] Ein schönes Stempelkissen ersetzt das halbe Amtsgewissen.

GLASHAUS

[345] Wer im Glashaus sitzt, muß mit Steinen rechnen.

[346] Wer im Glashaus sitzt, sollte nicht vergessen, rechtzeitig die Vorhänge zuzuziehen.

GLAUBE

[347] Der Glaube versetzt Berge – wenn seine geographischen Kenntnisse mangelhaft sind.

[348] Wenn es einen Glauben gibt, der Berge versetzen kann, so ist es der Glaube an die eigene Kraft.

[349] Werte. – Wollte der Glaube seine Berge im Pfandhaus versetzen, es würde ihm schwerlich viel darauf geliehen.

[350] Wenn der Glaube stark ist, kann er Berge versetzen. Aber ist er auch noch blind, dann begräbt er das Beste darunter.

[351] Der Glaube versetzt Berge, der Zweifel erklettert sie.

[352] Glaube allein aber versetzt noch keine Berge, nicht einmal Barrieren.

[353] Früher versetzte der Glaube die Berge. Heute besorgt es die Wissenschaft.

[354] Wer Berge versetzen will, braucht nicht unbedingt einen unerschüttlichen Glauben. Es genügen eine Baugenehmigung und ein Berg.

[355] Wissen kann Brücken versetzen.

Glauben

[356] Wer es glaubt, wird selig, und wer da mahlt, wird mehlig.

[357] Wer nicht glaubt, der wird nicht selig, wer nicht mahlt, der wird nicht mehlig.

[358] *Kleinanzeige*
Ich bin
der Herr,
dein Gott.
Wer's glaubt,
wird selig.

[359] Wer's glaubt, wird auch nicht selig.

[360] Es ist ein wahres Wort: Wer glaubt, der wird betrogen;
Wer aber keinem glaubt, hat sich noch mehr entzogen.
Wenn niemand ihn betrügt, wenn niemand ihn beraubt;
Wie elend, wer sich stets beraubt, betrogen glaubt!

[361] *Eine Feststellung*
Wir haben's schwer.
Denn wir wissen nur ungefähr,
woher,
jedoch die Frommen
wissen gar, wohin wir kommen!
Wer glaubt, weiß mehr.

[362] Wer glaubt, wird überleben.

GLEICH

[363] Reich und Reich gesellt sich gern.

[364] „Leich und Leich gesellt sich gern", meinte die Friedhofsverwaltung und ließ die Gräber aus Platzgründen noch näher zusammenrücken.

[365] Scheich und Scheich gesellt sich gern.

[366] Gleich und gleich vergnügt sich gern.

[367] Frisch und frisch gesellt sich gern.

GLÜCK

[368] „Also dann viel Glück, Franz, wie der Pfaffe sagt, auf deinem neuen Lebensweg."

[369] Das Glück ist blind, heißt es. Aber diejenigen, die hinter ihm herlaufen, sind auch blind. So ist Fortuna denn die Blinde unter Blinden.

[370] *An das Glück*
Glück, sie nennen Dich Blind und werden nicht müde, zu schelten.
Frage doch endlich zurück: Könnt ihr denn selber auch seh'n?

[371] „Glück im Spiel, Pech in der Liebe", sagte der Mann, als er beim Pokern seine Frau einsetzte und gewann.

[372] Das Glück im Unglück ist, daß man auch im Unglück „ist".

[373] Glauben und Glas,
Wie bald bricht das!

[374] Das Glück seines Lebens kann keiner schmieden, immer nur das Glück des Augenblicks.

[375] *Sprüche*
Jeder ist seines Glückes
Toleranz, ja das kenn ich schon

jeder ist so tolerant, wie
ich das kenne, jeder bleibt
bei seinen, jeder kehrt vor
seiner eignen, jeder nimmt
was ihm eignet: so nützlich
vereinzelt, ist das wenigen viel
und vielen wenig.

[376] Jeder ist seines Glückes Schmied. Nur warten die meisten noch auf die nötigen Kohlen.

[377] *Berichtigung*
Merzt doch das alte Sprichwort aus:
Wer's Glück hat, führt die Braut nach Haus!
Exempel rufen überlaut:
Wer's Glück hat, wählt sich keine Braut.

GLÜCKLICHE (DER)

[378] Dem Glücklichen schlägt keine Stunde, weil er immer weiß, was sie geschlagen hat.

GLUT

[379] *Sinnsprüch un Redensarde*
Verhole Glud duhd selde gut
mit Speck da fängt merr Boys
der hat noch Mut der rickwärts stermt
die Ehr iss fer die Läus

Bei banger Redd da forzt de Sinn
dem hawwe merr die Supp versalze
e bissi begehrn haaßt net glei entehrn
die lahmste Gickel duhn am laudeste balze

Jung gefreit kimmt selden allaans
dorch die Blus saache werd immer verstanne
wer vorne streichelt un hinne duhd haache
dem hat nie de Hausseche schief gestanne

GNADE

[380] „Haben Sie die Gnade!" heißt wörtlich: Ich verdiene zwar das Zuchthaus, aber Sie werden mir schon einen andern guten lukrativen Posten geben, den ich nicht verdiene.

Scheich und Scheich gesellt sich gern!

GOLD

[381] Es ist nicht alles Gold, was glänzt. Aber, es glänzt auch nicht alles, was Gold ist, sollte man billig hinzusetzen.

[382] Gold. – Alles, was Gold ist, glänzt nicht. Die sanfte Strahlung ist dem edelsten Metalle zu eigen.

[383] „Es ist nicht alles Gold, was glänzt",
Das hat man früh mir beigebracht,
Doch spät erst habe ich selbst gelernt:
„Es ist nicht alles Glück, was lacht!"

Hab's hell geschaut und hell gedacht,
Und war doch blind, wie heut mir scheint:
Wohl ist nicht alles Glück, was lacht –
Doch auch nicht alles Schmerz, was weint!

[384] Was glänzt, muß also nicht Gold sein; und nicht alles Gold glänzt.

[385] Es ist nicht alles golden, was glänzt. Und der Mittelweg schon mal gar nicht.

[386] Wenn man blank ist, leuchtet es einem ein: Es ist nicht alles Gold, was durch Abwesenheit glänzt.

GOTT

[387] Gebt Gott was Gottes, dem Cäsar was des Cäsars – Aber das gilt vom Geben, nicht vom Nehmen.

[388] Gewissenlosigkeit macht gesund.

[389] „Er lebte wie Gott in Frankreich." Man sollte das abändern und sagen: „Er lebte wie ein deutscher Divisionskommandeur in Frankreich."

[390] Einige Leute haben nur deshalb noch nie wie Gott in Frankreich gelebt, weil das ziemlich teuer war.

[391] Wenn der Mann das Amt hat und die Frau den Verstand, dann gibt es eine gute Ehe.

[392] Mit dem Amt kommt der Verstand, das heißt: bezahlt mich dafür, daß ihrs abwartet.

[393] Wem Gott ein Amt gibt, raubt er den Verstand.
In Geist ist kein Geschäft. Macht Ausverkauf!
Nehmt euren Kopf und haut ihn an die Wand!
Wenn dort kein Platz ist, setzt ihn wieder auf.

[394] Wem Gott Verstand gibt, dem gibt er auch ein Amt.

[395] Wem Gott ein Amt schenkt, schenkt er auch Kollegen.

[396] Wen Gott lieb hat, den züchtigt, den – züchtet er. Und so ward er die Welt, Sich selbst zur – Zucht.

[397] *Mißbrauchtes Gottvertrauen*
Dem Pfarrer von Osterburken
Stahl nachts man das Kraut und die Gurken.
„Wer Gott vertraut,
Der braucht kein Kraut!"
Hinschrieben am Zaun diese Schurken.

Gotteslohn

[398] Gotteslohn! sagte der Bettler; da fiel ihm das Brot durch die Kiepe.

Gras

[399] Wo sie hintrat, wuchs kein Gras, außer jenes, in das sie die Männer beißen ließ.

[400] wir lassen das gras wachsen über gerächte und ungerächte.

[401] Man darf nicht das Gras wachsen hören, sonst wird man taub.

[402] Wenn von der bewegten Vergangenheit einer Dame die Rede ist, darf man die Ohren spitzen, aber sie müssen begabt sein, das Gras über Begebenheiten wachsen zu hören.

[403] Man kann auch das Gras wachsen hören und bloß am Heu interessiert sein.

[404] Angst hört das Gras wachsen und die Steine schreien.

GRILLE

[405] *Neuer Begriff*
Ein Lied gibts aus alten Tagen:
„Wer wollte mit Grillen sich plagen?"
Was heut nicht mehr gilt,
Denn jede Frau grillt,
Die nicht gewillt, sich zu plagen.

GROB

[406] Grob ist besser als fein, bei Handtüchern und in der Erziehung.

GROSS

[407] Je größer der Stiefel, desto größer der Absatz.

GRUBE

[408] „Wer Andern eine Grube gräbt" –
Dies Wort mag trefflich sein;
Doch: wer sie aus der Grube hebt,
Auch der fällt meist hinein.

[409] *Vom Grubengraben*
Wir haben es ja oft erlebt:
Wer andern eine Grube gräbt,
Fällt selbst hinein. So geht es allen,
Die Gruben graben! Aber ach,
Wie viel sind schon mit großem Krach
Ganz ohne Grube hinein gefallen!

[410] Wer andern keine Grube gräbt, fällt selbst hinein.

[411] Wer andern in der Nase bohrt, is selbst a Sau.

[412] Wer andern in die Hose faßt, ist selbst bei der SA.

[413] Andern keine Grube graben! Die meisten Leute sind die Schaufelei nicht wert.

[414] Wer mag alte Wunden aufreißen, wenn das Wundenaufreißen Lust bereitet? Oder dem anderen eine Grube graben, damit er Dir später heraushilft?

[415] *Ausnahme*
Ein Mensch fällt jäh in eine Grube,
Die ihm gegraben so ein Bube.
Wie? denkt der Mensch, das kann nicht sein:
Wer Gruben gräbt, fällt selbst hinein! –
Das mag vielleicht als Regel gelten:
Ausnahmen aber sind nicht selten.

[416] Wer andern eine Kirche baut, muß selbst hinein.

[417] Annern e Grub grawe un selwer net reifalle
des is die Rechel

[418] Wer andre in die Grube schickt, fällt selbst nicht rein.

GUT (ADJ.)

[419] Im übrigen könnte man jedoch in Abwandlung eines alten amerikanischen Sprichwortes sagen: Was gut ist für Europa, ist gut für die Vereinigten Staaten.

GUT (SUBST.)

[420] Unrecht Gut gedeihet gut.

[421] Unrecht Spruchgut
gedeiht nicht.

[422] Ehrlich Gut gedeiht nicht gut.

[423] Unrecht Guhd gedeiht am besde.

H

HAAR

[424] Gründe, die an den Haaren herbeigezerrt werden, sind immer die ersten, die eine Glatze bekommen.

[425] *Das Haar in der Suppe*
Mancher findet nur darum ein Haar in jeglicher Suppe,
Weil er das eigene Haupt schüttelt, so lange er ißt.

[426] Ein Haar in der Suppe mißfällt uns sehr,
selbst wenn es vom Haupt der Geliebten wär.

[427] Wo alles zur Gewohnheit wird, dort findet sich auch ein Haar in der Suppe.

[428] Wird die Wahrheit frisiert, muß sie Haare lassen.

[429] Die Männer müssen Haare lassen, wenn die Frauen einen Pelz wollen.

[430] Die Fliege, der er kein Haar krümmen könnte, ist inzwischen gestorben.

[431] *Warnung vor Spiegeln*

1

Bewaffnet mit Kamm und Schere
stürzen, die mir ein Haar krümmen wollen
aus
Dachluken Schränken Toilettenbecken:
Friseure, auch
Haarspalter genannt:

Aus jenem Haar in ihrer Suppe drehen
sie Strick um Strick um Strick um Strick
für Jesus, Einstein, Marx und Struwwelpeter:
vier Köpfe über einen
Kamm geschoren.
Der fünfte: meiner.

2

Als ich erwachte, fand ich meinen Traum
im Spiegel bestätigt.
Schreckszene von der Intensität
alter Bromsilberplatten:
meine Glatze, die das kalte Licht
des Morgens reflektierte, war nicht
an den Haaren herbeigezogen.

Früh krümmt sich, was ein Hexchen werden will

[432] *Für Kahlköpfe*
Als sichres Mittel gegen Glatze
Ist folgendes Rezept am Platze:
Man laß, im Lauf der nächsten Jahre
sich einfach wachsen graue Haare –
Wozu der Grund sich leicht ergibt –
Die färbe nun, wie's beliebt.

[433] „Ich trinke Jägermeister, weil ich mich wegen dat bißchen Glatze keine grauen Haare wachsen lasse."

HABEN

[434] Was du hast, hat auch dich. Was du willst, fängt an zu befehlen. Willst du leicht leben, hebe nicht mehr, als du erwiegst. Willst du frei sein, wolle nicht mehr, als du bedienen kannst.

HAHN

[435] Wenn der Hahn kräht auf dem Mist,
wird er wohl auf dem Lande leben.

HÄKCHEN

[436] „Was ein Häkchen werden will, krümmt sich beizeiten", sagte der Nagel und bog sich vor Lachen, als sich der Mann auf den Daumen schlug.

[437] Früh krümmt sich, was ein Hexchen werden will.

[438] Ein voller Bauch krümmt sich beizeiten.

HALS

[439] Geschichte schreiben ist eine Art, sich das Vergangene vom Halse zu schaffen.

[440] Ordnung muß sein. – Einer schaffte sich seine Geliebten vom Hals, indem er sie durch Heirat kaltstellte, was ihm jedesmal die Scheidung erleichterte.

HALTEN

[441] „Gut halten hilft haushalten", sagte der Mann im Sozialamt zu dem alten krummen Mütterlein.

HAND

[442] Das heißt die Hand auf den Mund legen und hernach ein wenig durch die Finger plaudern.

[443] Die letzte Hand an sein Werk legen, das heißt verbrennen.

[444] Das ist der Hauptfehler von der Linken und von der Rechten, daß nix vorwärts geht. Das geschieht aber nur, um das christliche Wohltätigkeitsprinzip in doppeltem Umfang zu erfüllen. Die Linke soll nicht wissen, was die Rechte tut; es weiß aber oft auch die Rechte nicht, was die Linke tut, und das wird nämlich dadurch am sichersten erzweckt, wenn beide Teile gar nichts tun.

[445] manchmal weiß auch die linke nicht, was die linke tut.

[446] Wie wäscht sich heute Hand und Hand!

[447] *Saubere Brüder*
Ein Mensch sieht Hand von Hand gewaschen.
Und doch – es muß ihn überraschen,
Daß der Erfolg nur ein geringer:
Zum Schluß hat alles schmierige Finger.

[448] Ein Fuß wäscht den anderen!

[449] *Schmierliedchen*
Aa Hand wäscht die anner Hand
dann laafe die Geschäfde

Händ die sich gewäsche hawwe
verschdehje sich uffs Eiseife
von de Konkurrenz
aach wenner debei die Luft ausgeht:
e geschmierdes Gewisse
is e guhdes Ruhekisse

Schmiergelder sin Treibschdoff
die kann merr abschreiwe
wann merr's schlau aaschdellt

En geschmierder Profit
issen guhder Profit
weiler de Konsumende nitzt
weiler Awweitsplätz sichert

Wer guhd schmiert
der guhd fährt
was eichentlich
is da draa unmoralisch?

[450] sicher, man läßt uns freie hand – aber die gelenke?

[451] Die meisten sind schon zufrieden, wenn eine Sache Hand und Fuß hat. Der Kopf ist halt Nebensache.

[452] „Kalte Hände, warmes Herz", sagte die Eskimofrau, als ihr der Forscher die Hand küßte.

[453] pilatus heute – er riebe sich die hände in unschuld.

[454] *Tanzmeister*
Jeden ernährt sein Geschäft: Der schreibt, der andere hüpft euch,
Jener lebt von der Hand – dieser vom Fuß in den Mund.

[455] Wie man von der Hand in den Mund lebt, so kann man auch vom Geist in die Seele denken und von der Seele in den Geist fühlen.

[456] Zeitgenossen leben aus zweiter Hand in den Mund.

[457] Wussten Sie schon, dass Leute, die von der Hand in den Mund leben, enorme Schwierigkeiten beim Suppenessen haben?

[458] „Notfalls können wir von der Wand in den Mund leben!" Motto eines Gemäldesammlers.

[459] Übrigens: Wußten Sie, daß manche Philosophen vom Kant in den Mund leben?

Hans Dampf der kleinen Klassen. Der Ford Fiesta.

Schon bei seinem Start hatte der Ford Fiesta eine Beschleunigung, wie sie die kleinen Klassen noch nie gesehen hatten. Denn kein anderer Kleiner wurde in Europa schon im ersten Jahr so viel gekauft.

Einen Grund dafür gibt's nicht. Sondern viele Gründe. Der Platzvorteil gehört sicher dazu. Auch hinten im Fiesta weiß der liebe Hans, was er mit dem Knie macht. Was man mit dem Gepäck macht, ist beim Fiesta ebenfalls keine Frage. Da gibt's hinten eine große Heckschwingtür, die besonders weit unten anfängt. Beladehöhe nur 57 cm. Dann gibt's einen Gepäckraum, dessen Fassungsvermögen besonders weit oben aufhört. Bei 1205 Litern, wenn die Rücksitzlehne umgeklappt ist.

Sein Format zeigt der Fiesta auch im Service. Manche Wartungsarbeiten entfallen ganz, wie zum Beispiel Getriebeölwechsel. Andere sind vereinfacht. Mit einem Blick kann man zum Beispiel den Stand von Bremsflüssigkeit, Kühlflüssigkeit und Batterie kontrollieren.

Alles Ideen, mit denen man erfolgreich wird. Und zwar in den Klassen von 1000, 1100 und 1300 ccm. In kW reicht das von 29 bis 49. Und in PS von 40 bis 66.

Klasse statt Masse.

Ford

Das Zeichen der Vernunft.

Wieder ein Zeichen der Vernunft. *Alle Fiesta, Escort, Taunus, Capri und Granada (Benzinmotoren) brauchen nur noch alle 20.000 Kilometer eine Inspektion. Dazwischen lediglich eine Kontrolle.*

[460] *Wörtlich*
Von aaner Hand
kann ich schlecht lewe
hat de Mund gesacht
un noch die anner gefresse

Der arme Kerl
is uff'n Hund gekomme
da schdeht er am Baam
hebt 's Baa un bellt

Der Hansworscht
hat sich beim Wort genomme
un aus dem dicke Hans
Worscht gemacht

Kaam naggische Mann
greift merr in die Dasch
hadder gemaant un dann
sei Goldzäh verlorn

HÄNDEL

[461] Wussten Sie schon, dass nach einem Händel oft ein Haydn-Krach folgt?

HANDEL

[462] Handel schafft allein nicht Wandel.

HANDELN

[463] Handeln macht gemein.

HANS DAMPF

[464] Hans Dampf der kleinen Klassen. Der Ford Fiesta.

HÄNSCHEN

[465] Der Hans, der etwas erlernte, was Hänschen nicht gelernt, der weiß es gut.

[466] Was Hänschen nicht lernt, braucht Hans nicht zu vergessen.

[467] Was Hänschen nicht lernte, muß Hans noch lernen.

[468] Was Hänschen nicht lernt, lernt Hans um so schneller.

[469] Was das Händchen nicht kriegt, kriegt die Hand nimmermehr.

Happy

[470] Be happy, krächzte der Neger, als er die Trompete von der Mundgeschwulst nahm, weil die Klarinette dran war.

Hase

[471] Auf dem Gebiet der Spurenfahndung sind 'n paar von uns wirklich alte Hasen!

[472] Viele Hasen sind der Hunde Tod, sagt der Oberförster, dem man seinen Hund aus Versehen totgeschossen hatte, weil der Schützen zu viele waren.

Häslein

[473] Schickt der Himmel's Haserl, so schickt er auch's Graserl. Mit dem Speisezettel sind schon manchmal Eltern und Kinder hungrig ins Bett.

Hässlichkeit

[474] Ob sie tugendhaft war, weiß ich nicht – aber sie war immer häßlich, und Häßlichkeit bei einem Weibe ist schon der halbe Weg zur Tugend.

Haube

[475] Junge Mädln muß man trachten, unter die Hauben zu bringen, sonst kann man nicht genug auf der Hut sein.

Haut

[476] Ich möcht' aus der Haut fahren vor Freud', aber ich bin zu dick, ich komm' nicht heraus.

[477] Die Bäume fahren im Frühling aus der Haut.

[478] Aus seiner Haut kann keiner – aus ihrer Klasse heraus können nur wenige.

[479] Wer aus der Haut fährt, dem paßt sie hinterher nicht mehr.

[480] Wer aus der Haut fuhr, lebt außer sich.

[481] „Es ist, um aus der Haut zu fahren“: die leere Drohung derer, die sich in ihrer Haut wohlfühlen, weil sie sich für eine alte, ehrliche halten.

[482] Er kann nicht aus seiner Haut, auch wenn er gelegentlich aus der Haut fährt.

[483] „Es wird mir so eng in der Haut“ sagte die Laus, da wurde sie geknickt.

[484] Der Lyriker bringt seine Gefühle zu Markt wie der Bauer seine Ferkel.

[485] Wer seine Haut zu Markt getragen, hat mehr Recht auf Empfindlichkeit, als wer dort ein Kleid erhandelt hat.

Heiraten

[486] „Heiraten in Eile bereut man mit Weile“, sagte der Standesbeamte zu dem jungen Paar und machte erst einmal Frühstückspause.

Helfen

[487] Man kann nicht allen helfen! sagt der Engherzige und – hilft keinem.

Herd

[488] *Bissige Strophen*
Besensilie Zwiebelkraut
gibts nicht alle Tage
feste in die Schnauze haut
dem Kerl in die Visage

Eigner Herd ist Prügel wert
üb immer redlich Morden
aus Teufelshuf und Wasserpferd
ist nie ein Vöglein worden

Ehrlich Gut gedeiht nicht gut
am meisten glaub den Lügen
Leisetret und Duckmichhut
die sind nicht satt zu kriegen

Treue Frauen soll man schlagen
Lug mit Trug vergelten
so nur ist sie zu ertragen
die beste aller Welten

[489] „Eigener Herd ist Goldes wert", sagte der Werksangehörige, als er nach dem Essen die Kantine verließ.

[490] Eigener Wagen ist Goldes wert.

[491] My home is my castle! . . . sagt der Engländer. Und recht hat er. Die eigenen Wände sind Gold wert – für den, der sie hat.

Herein

[492] „Wie herein, so hinaus", sagte der Hausfreund und kam nackt aus dem Kleiderschrank.

Herr

[493] Ich bin mein eigener Herr, sagte der Knecht und schnitt sich den Fuß ab.

[494] *Auff Nigricanum*
Niemand kan zweyen Herren dienen; hierzu weiß Nigricanus Rath,
Der seinen Gott führt auff der Zunge, den Teuffel in dem Hertzen hat.

[495] ein niemand kann zween herren dienen.

[496] Niemand kann zwei Herren dienen – noch weniger aber zwei Frauen.

[497] wen die herren lieben, den züchten sie.

HERZ

[498] Es kann einer das Herz „auf dem rechten Fleck“, aber eben nur dort, nicht überall haben.

[499] *Gründliche Torheit*
Die menschlichste der Schwächen
Ist, über das, was uns das Herz gebrochen,
Noch obendrein den Kopf uns zu zerbrechen.

[500] Einmal am Tag soll mein Herz höher schlagen, sagte er. Und nahm die Treppe.

[501] Schenken Sie ihr einen Pelzmantel. Dann sind Sie bestimmt wieder ein Nerz und eine Seele.

[502] Manche Menschen haben ein Herz von Eisen und drin ein Fleckchen so weich wie Brei.

[503] Früher schenkte man sein Herz. Heute spendet man es.

[504] Wes das Herz voll ist, davon – schweige der Mund!

[505] Wes das Herz leer ist, des gehet der Mund über.

[506] Wes der Kopf leer ist, dem geht der Mund über.

[507] wes die hose voll ist, des geht die zeitung über.

HEUTE

[508] Was du heute kannst besorgen, kaufst du billiger als morgen!

[509] Was du heute kannst besorgen, kannst du dir morgen bestimmt nicht mehr leisten!

HIEB

[510] „Auf einen Hieb fällt kein Baum“, sagt Murmelauge und kratzt sich den Kopf. „Doch!“ sage ich „Wenn der Blitz hineinfährt, splittert er mit einem Hieb auseinander.“

Was du heute
kannst
besorgen,
kannst du
dir morgen
bestimmt nicht
mehr leisten!

HIHI

[511] Hihi! lachte das Scheusal, sprang auf die Kommode und fraß von der Hummermayonnaise.

HIMMEL

[512] Wenig Geigen am Himmel.

[513] Und der Himmel hängt voller Pläne.

HINTERN

[514] Das Hirn und der Hintern sind kommunizierende Röhren: Solange man keinen Tritt in den Hintern kriegt, fängt man nicht an zu denken.

[515] „Man kann den Hintern schminken, wie man will“, sagt Karlchen, „es wird kein ordentliches Gesicht daraus.“

HIOBSBOTSCHAFT

[516] Selbst Hiobsbotschaften sind im Dutzend billiger.

HITLER

[517] Sie kennen Hitler nicht, sagte der Schäferhund zum Kaninchen. Ich bitte Sie, einer der größten Tierfreunde der Weltgeschichte.

HOBELN

[518] *Extempore*
Wo man hobelt, kräht kein Hahn,
grober Klotz ist halb gewonnen.
Was sich neckt, ist alt getan,
wie gebettet, so zerronnen.

Blindes Huhn sieht mehr als zwei,
steter Tropfen kommt von oben,
Aug um Aug verdirbt den Brei,
Ende gut ist aufgeschoben.

Gottes Mühlen beißen nicht,
keine Rose hat zwei Seiten,

Wenig Geigen am Himmel

wenn sie auch die Wahrheit spricht.
Guter Rat krümmt sich beizeiten.

Frisch gewagt, fällt selbst hinein,
unrecht Gut will Weile haben.
Morgenstunde höhlt den Stein,
wer zuletzt lacht, liegt begraben.

[519] Wo genobelt wird, fallen auch Späne.

HOCHMUT

[520] Eine je stärkere Persönlichkeit die Frau ist, um so leichter trägt sie die Bürde ihrer Erlebnisse. Hochmut kommt nach dem Fall.

[521] Hochmut ist oft nur die Weigerung, sich unter sein eigenes Niveau hinabdrücken zu lassen. Dann gilt: Hochmut schützt vor dem Fall.

[522] Kleinmut kommt vor dem Fall.

[523] Der bessere Hochmut kommt oft erst nach dem Fall.

HOF

[524] Früher machte ich ihr den Hof.
Heute mache ich ihr die Treppe!

HOFFEN

[525] Hoffen darf man auf das Lotto, sagt der Arzt, aber man darf sich nicht darauf stützen.

HOLZWEG

[526] In Sackgassen und auf Holzwegen wandern ist nur mit wirklichen Freunden möglich, Freunden, die jederzeit wissen, wo die Idee der Hauptstraße liegt.

[527] *Falsche Erziehung*
Ein Mensch lernt in der Kinderzeit,
Des Lasters Straßen seien breit,
Jedoch der Tugend Pfade schmal

ÜBRIGENS

Früher machte ich ihr den Hof...
Jetzt mache ich ihr die Treppe!
URS

In diesem irdischen Jammertal.
Der Mensch, bei seinem Erdenwandern,
Geht einen Holzweg nach dem andern,
Weil er auf Straßen, breit gebaut,
Sich einfach nicht mehr gehen traut.

HORCHER

[528] *Das letzte Wort*
Sonst sagt man: Der Horcher an der Wand hört seine eigene Schand'. Manchmal kann man aber auch sagen: „Der Schreiber an die Wand schreibt seine eigene Schand'" . . .

HÖREN

[529] Wer nicht fühlen kann, muß hören, was andre sagen.

[530] Wer hören will, muß fühlen.

[531] „Wer nicht hören will, muß fühlen", sagte der Radiohändler und erhöhte fühlbar die Preise für Fernseher.

[532] Wer nicht lesen will, kann fühlen.

HUHN

[533] Auch ein blinder Säufer findet mal 'n Korn.

[534] Wer mit den Hühnern schlafengeht, darf keine Angst vor harten Eiern haben!

[535] Mit de Hihner schlafe gehje
und bei ner Kuh uffwache sowas gibts

HUND

[536] Was wir hier stehngelassen haben,
das ist ein Grabstein, daß ihr's wißt!
Hier liegt ein Teil des Hunds begraben,
auf den ein Volk gekommen ist.

[537] Ein Kuß, der allein bleibt, kommt auf den Hund.

Wer nicht lesen will, kann fühlen.
Und wer gefühlt hat weiß, warum wir die neue zewamoll zärtlich „die Mollige" nennen.
Sie ist 3-lagig und darum extradick und mollig-weich.
Die 3 Lagen haben einen unbezahlbaren Vorteil:
die mollige zewamoll ist viel sparsamer. Man brauch
einfach weniger Mittel zum Zweck. Sie werden
es sofort merken, wenn Sie zewamoll, die Mollig
und Sparsame, auf der Rolle haben.
zewa
zewamoll
neu
neu
Sparsamkeit, die man fühlen kann.

[538] *Hund und Wurst*
Kommt einer mit der Wurst
wedelt der Hund mit dem Schwanz
kommt einer mit dem Hund
wedelt die Wurst mit dem Schwanz
wedelt der Hund mit der Wurst
kommt der Schwanz auf den Hund
ist der Hund auf den Schwanz gekommen
ist die Wurst auf den Hund gekommen
wenn der Schwanz zu der Wurst kommt
ist der Hund auf den Hund gekommen

[539] Wer auf den Hund gekommen ist, kann viele Hunde nennen, auf die er noch nicht gekommen ist.

[540] Durch Wohlstand auf den Hund gekommen, entdecken wir wieder das Pferd.

[541] Auf den Mensch gekommen.

[542] *Volksspruch*
Wann de Hund im Peffer lieht
wedelt de Has middem Schwanz
scheißt Osdereier im Hihnerschdall
un mecht Männcher

[543] „ein gerissener Hund“ man kennt das
ein Kettenhund

[544] Sicher gilt das Sprichwort „Hunde, die bellen, beissen nicht“ auch fürs nächste Jahr nicht immer.

[545] „Hunde, die bellen, beißen nicht“, sagte der Briefträger und behielt recht. Im gleichen Moment, wo der Hund zubiß, hörte er auf zu bellen.

[546] Hunde, die bellen, beißen nicht. Aber sie bellen doch nicht ununterbrochen?

[547] Viele Hunde – des Hasen Leben?

Hummer
ißt der
beste Koch

[548] *Zivilcourage*
Ein Mensch erfährt, daß unsre Zeit
Voll sei von Rücksichtslosigkeit.
Doch sieht aus Feigheit, aus bequemer,
Er ringsum lauter Rücksichtnehmer.
Die Freiheit geht wohl doch im Grunde
Aus solcher Rücksicht vor die Hunde.

HUNGER

[549] *Hunger*
Hunger ist der beste Koch;
Dieses mangelt ihm nur noch,
Daß er, wie sonst andre Sachen,
Sich nicht selbst kann schmackhaft machen.

[550] Hunger ist ein schlechter Koch.

[551] Abwechslung ist der beste Koch.

[552] „Hunger ist der beste Koch", behauptet jeder, aber keiner kennt das Restaurant, wo der Mann arbeitet.

[553] Hummer ißt der beste Koch.

HUNGERTUCH

[554] von den satten werden sie ratten genannt – die am hungertuch nagen.

[555] Am Hungerduch naache un trotzdem fett werrn

HURE

[556] Junge Huren, alte Betschwestern; junge Wüstlinge, alte Mystiker. Der Mystizismus liegt meistens in Nervenschwäche und Magenkrampf.

HUT

[557] Die Deutschen lassen sich leicht unter eine Hut bringen; aber unter *einen* schwer. Sie sind nur einig, wo es etwas zu leiden gibt, wo zu tun, niemals.

[558] Du bist auf der Hut vor mir,
Ich hüte mich vor dir,
So trauen sie einer dem andern nicht,
Man nennt's das europäische Gleichgewicht.

Hüter

[559] „Bin ich der Wächter meines Bruders?" fragte Kain. Seither hat der Mensch nur zwei Möglichkeiten: entweder erschlagen oder bewacht zu werden.

I

Idee

[560] Ich töte nur die Idee, sprach der Inquisitor. Und verbrannte den Menschen.

Irren

[561] *Weiber sind Menschen*
Weil irren Menschlich ist, kümmt klärlich an den Tag,
Daß Weiber man nur auch für Menschen rechnen mag.
Es irrte Grunnia zum tügen menschlich nu:
Sie solte gehn zum Mann und gieng zum Knechte zu.

[562] Irren ist auch in so fern menschlich, als die Tiere wenig oder gar nicht irren, wenigstens nur die klügsten unter ihnen.

[563] Irren ist göttlich.

[564] Menschsein ist irrig.

[565] Irren ist menschlich, aber schmerzlich, sobald es zu einem Zusammenstoß mit der Umwelt führt. Unsere ganze bisherige Weltgeschichte ist eine Sammlung menschlicher Irrtümer.

[566] Dadurch, daß nicht nur „Irren“ sondern auch „Nichtirren“: also richtig urteilen „menschlich“ ist, ist es doch noch nicht human.

[567] Irren ist menschlich
Aber in der Liebe tragisch.

[568] Irren ist männlich.

[569] Irren ist menschlich; wie gut, daß es wenigstens da noch Menschlichkeit gibt.

[570] Wer tiefer irrt, der wird auch tiefer weise.

J

JACKE

[571] „Das ist Jacke wie Hose“, sagte der Nudist und fuhr aus der Haut.

JÄGER

[572] Die Farbe ist der Fliege Tod.

[573] *Osterspruch*
Viele Hasen
sind des Heiland
Tod.

[574] Viele Prüfer sind des Haasen Tod.

JEDER

[575] Jeder ist ein Sack für sich.

[576] Jeder ist sich selbst der Fernste.

[577] „Jeder ist sich selbst der Nächste“, sagte der Arzt und rief sich selbst ins Behandlungszimmer.

Joch

[578] ein sanftes joch ist schwerer als ein schweres: man denkt nicht mehr daran, es abzuwerfen.

Jucken

[579] „Wen's juckt, der kratze sich“, sagte der Flohzirkusdirektor, als seine Lieblinge geflohen waren.

[580] Moralisten sind Menschen, die sich dort kratzen, wo es andere juckt.

Jugend

[581] Wer die Jugend hat, hat einen ungedeckten Scheck auf die Zukunft.

Juli

[582] *Bauernregel*
Bleibt der Juli warm und trocken,
kann man auch im Freien – hocken.

Jung

[583] Ich war einmal jung, du aber warst niemals alt, sagte der Greis zum Jüngling, also habe ich etwas voraus.

K

Kakao

[584] *Was auch geschieht!*
Was auch immer geschieht:
Nie dürft ihr so tief sinken,
von dem Kakao, durch den man euch zieht,
auch noch zu trinken!

KAMEL

[585] *An jeden, den's angeht.*
Ich weiß, wie der Gesellschaft Mühle klappert,
da kommt der Einkehr Geist kaum zu Gehör.
Es ward ja auch nicht nur so hin geplappert:
das Wort vom Reichen und vom Nadelöhr.

[586] Wir sind malariakranke Ameisen, die sich im Kreise drehn; wir sind Musterkamele, die durchs Nadelöhr gehn; wir sind weiße Experimentiermäuse in der Zwickmühle der Politik. Ach, was sind wir nicht alles! Daß wir auch Menschen sind, wagen wir kaum noch zu hoffen, nicht, weil wir's nicht wären, sondern weil jeder, der nichts weiter wäre, sich lächerlich macht.

[587] nur kamele gehen durchs nadelöhr.

[588] Jenseits des Nadelöhrs aber wären wir gerettet. Wie vor der Aborttür stehen wir trampelnd vor'm Nadelöhr an. Stimmt doch, oder? Wir können uns nicht vorstellen, wie wir durchkommen. Na schön. Geht anderen auch so. Vorstellungen können alles enthalten, nur nicht die Tat.

KAMMERDIENER

[589] Man sagt sprichwörtlich: der große Mann ist es nicht vor seinem Kammerdiener; ich möchte hinzusetzen: welch ein unerträglicher Mensch müßte der große Mann sein, der es auch vor seinem Kammerdiener wäre!

[590] Es gibt, sagt man, für den Kammerdiener keinen Helden. Das kommt aber bloß daher, weil der Held nur von Helden anerkannt werden kann. Der Kammerdiener wird aber wahrscheinlich seinesgleichen zu schätzen wissen.

KANONE

[591] Nicht mit Steinen nach Mücken werfen – das Wort könnte einen Austauschausdruck für die abgegriffene militaristische Formel mit Kanonen auf Spatzen schießen hergeben.

Karte

[592] Gegen Politiker keinen Argwohn bitte. Sie spielen ihre gezinkten Karten doch offen aus.

Käse

[593] Sehr geehrte Menschheit, tu mir einen Gefallen: was kein Käse ist, soll nicht stinken!

Katze

[594] In schwierigen Zeiten kauft man die Katze im Sack, um wenigstens in den Besitz eines Sackes zu gelangen.

[595] Mein größter Wunsch ist es zu sehen, wie eine Maus eine Katze bei lebendem Leibe frißt. Sie soll aber auch lange genug mit ihr spielen.

Kauen

[596] Gut gekaut ist halb verdaut, gibt ein Zahnloser zu bedenken.

Kauf

[597] Der Mann nimmt die Frau, die er liebt, in Kauf, gleichsam mit Haut und Haaren. Vielleicht ist es dies, was die Frau dazu zwingt, den Mann zu bewundern. Diese Kühnheit nämlich brächte sie selbst nicht auf.

Kelch

[598] „Ich habe den bitteren Kelch bis zur Neige geleert“, verkündete der Dichter nach dem zwölften Glas Bier.

Kennen

[599] „Kenne dich selbst!“ – bedenkliche Sache.
Wie, wenn ich da eine schlechte Bekanntschaft mache?

Kerl

[600] Der verfluchte Kerl, rief sie, hat mich in gesegnete Umstände gebracht!

KIES

[601] Viele haben nur deswegen Kies, weil sie es verstehen, anderen Sand in die Augen zu streuen.

KIND

[602] Etwas beim Namen nennen heißt Macht darüber gewinnen.

[603] Moral ist die Tendenz, das Bad mit dem Kinde auszuschütten.

[604] Ich möcht mir – denn's wär schad – ausbitten:
Das Kind nicht mit dem Bad auszuschütten!

[605] Ein gebranntes Kind scheut das Feuer, ein oft versengter Greis scheut, sich zu wärmen.

[606] Gebrannte Kinder fürchten das Feuer oder vernarren sich darein.

[607] Gebrannte Kinder fürchten das Feuer: Kinder! Die Alten tappen immer wieder hinein.

[608] „Gebranntes Kind scheut das Feuer", sagte die Witwe des Brandmeisters und schloß eine Feuerbestattung aus.

[609] „Viel Rinder, viel Segen", hieß es einst. Jetzt wissen die Rinderzüchter: Viele Ochsen verderben den Preis. Also zurück zur Milchwirtschaft? Der Verbraucher findet, die Planung geht auf keine Kuhhaut.

KIRCHE

[610] Merr soll die Kersch im Dorf lasse
und de Parrer bei de Kechin

KIRCHENLICHT

[611] ich liebe die kleinen kirchenlichter, sagte der domherr; sie machen mein haus so gemütlich.

Klee

[612] Man sollte nicht jeden Boxer über den braunen Clay loben!

Kleid

[613] Der Mensch in jedem Stande ist ein Schneiderprodukt, denn das Kleid macht den Mann, nur beim Schwimmeister is das nicht der Fall. In jedem Stande is der Mensch verloren, wenn ihm's Wasser ins Maul lauft, nur beim Schwimmeister is das nicht der Fall. Jeder Professor hat etwas Trockenes an sich, nur beim Schwimmeister is das nicht der Fall. Jeder Kunst macht man den Vorwurf, daß sie nach Brot geht, die Schwimmkunst geht allein nach Wasser.

[614] Das Kleid macht nicht den Mann. Das gilt jetzt nicht mehr in sozialer, sondern nur noch in sexueller Beziehung. Das Kleid macht nicht das Weib. Das gilt erst jetzt.

[615] *Kleider*
Kleider machen Leute; trifft es richtig ein,
Werdet ihr, ihr Schneider, Gottes Pfuscher seyn.

[616] Kleider, heißt es, machen Leute. Aber nicht in der Literatur.

[617] „Kleider machen Leute, Marquis, – oder besser wohl umgekehrt: Der Mann macht das Kleid."

[618] Kleider machen wohl Leute – aber nicht Menschen.

[619] Kleider machen – nicht immer – Leute.

[620] Neue Tapeten machen Leute.

[621] „Kleider machen Leute", sagte die Striptease-Tänzerin und entkleidete sich nicht.

[622] Kleider machen Bräute.

[623] *Widerspruch*
Kleider mache Leut
Ordde Milidärs

un Gummiknibbel Bulle
awwer Herz uff Schmerz
mecht noch lang
kaan Dichder

KLEINVIEH

[624] Auch Kleinvieh macht nur Mist!

KLUG

[625] *Das Sprichwort spricht*
Scharf und milde, grob und fein,
Vertraut und seltsam, schmutzig und rein,
Der Narren und Weisen Stelldichein:
Dies alles bin ich, will ich sein,
Taube zugleich, Schlange und Schwein!

[626] „Seid klug wie die Schlangen"; und die Schlange war so klug, den Menschen um das Paradies zu bringen.

KLÜGERE (DER)

[627] „Der Klügere gibt nach!" Humboldt beim Tischrücken, als der Tisch zu wackeln anfängt.

[628] Der Gescheitere gibt nach! Eine traurige Wahrheit; sie begründet die Weltherrschaft der Dummheit.

[629] Wenn Kopf und Herz sich widersprach,
Tät doch das Herz zuletzt entscheiden.
Der arme Kopf gibt immer nach,
Weil er der Klügere ist von beiden.

[630] Der Klügere gibt nach, aber nur einer von jenen, die durch Schaden klug geworden sind.

[631] Der Klügere gibt nach – der Klügste tut allenfalls so.

[632] Wenn der Klügere in der Politik nachgibt, begeht er nicht nur eine Dummheit, sondern ein Verbrechen.

[633] Im ehelichen Zwist zwischen Leben und Idee gibt der Klügere nach – die Idee; und so bleibt das Leben dumm.

[634] Gibt der Klügere nach
dann bekommt ihn
die Dummheit
beim Wickel.

Koch

[635] Viele Könner verderben den Brei.

[636] Viele Köche verderben die Köchin.

[637] Zu viele Küchen verderben den Preis.

[638] Viele Köche verderben auch den besten Werbebrei.

[639] Zu viele Kommissare verderben den Tatort! Alte Krimi-Regel.

[640] Viele Köche verderben den Rat.

Kohle

[641] Glühende Kohlen. – Glühende Kohlen auf des andern Haupt sammeln, wird gewöhnlich mißverstanden und schlägt fehl, weil der andere sich ebenfalls im guten Besitze des Rechts weiß und auch seinerseits an das Kohlensammeln gedacht hat.

Kommen

[642] *Überraschungen*
Ein Mensch dem Sprichwort Glauben schenkt:
'S kommt alles anders, als man denkt –
Bis er dann die Erfahrung macht:
Genau so kams, wie er gedacht.

[643] Wer zuerst kommt, wird zuerst zermahlen.

[644] Wer zuerst kommt, bräunt zuerst.

[645] Wer zuerst schießt, lebt am längsten.

[646] Arbeitsmarkt: Wer zuerst kommt, wird zuerst gemahlen.

Können

[647] In der Redensart „das kann man nicht mehr“ (z. B. beten) steckt wie in einer Scheide ein dezionistisches „das will ich nicht mehr“, dem künstliche Allgemeinheit unterstellt werden muß um den Preis, daß sich das Ich zum man hat entmündigen lassen.

Kopf

[648] Man ist darum noch nicht eigentümlich, weil man die gang und gäbe Meinung auf den Kopf stellt.

[649] Auf dem Kopf stehen. – Wenn wir die Wahrheit auf den Kopf stellen, bemerken wir gewöhnlich nicht, daß auch unser Kopf nicht dort steht, wo er stehen sollte.

[650] *Nur Geduld*
Das Leben, das die meisten führen,
Zeigt ihnen, bis sie's klar erkennen:
Man kann sich auch an offnen Türen
Den Kopf einrennen.

[651] vollkommen kopflos drum rannte er sich den kopf ein.

[652] Laßt einmal den Kopf hängen – schon habt ihr zugestimmt.

[653] Der einzige, der den Kopf nicht in den Sand steckt, ist der Strauß.

[654] notwendiger zusammenhang: den kopf in den sand stecken – mit den Zähnen knirschen.

[655] laßt euch den kopf nicht zu sehr verdrehen; ihr könntet das genick brechen.

[656] Vor Halsabschneidern den Kopf nicht verlieren.

[657] Wer seinen Kopf verliert, beweist damit noch lange nicht, daß er vorher einen hatte.

Wer seinen Kopf verliert,

... beweist damit noch lange nicht,
daß er vorher einen hatte.

[658] Wenn man den Kopf verliert, findet man ihn immer wieder. Einen Kopf wird kein Mensch klauen.

[659] „Das ist ein heller Kopf." – Aber wenn er nur hell ist, ist er auch leer. Es muß etwas drin sein in dieser Helle.

[660] In einen hohlen Kopf geht viel Wissen.

[661] *Redefreiheit*
Ein Wörtchen in Nazi-Tagen
Und schon gings um Kopf und Kragen.
Heut läßt man jeden
Nach Herzenslust reden –
Doch hat er auch jetzt nichts zu sagen.

[662] Er mußte erst mit dem Kopf gegen die Bäume rennen, ehe er merkte, daß er auf dem Holzwege war.

[663] Denken, sagte das schnelle Pferd zum Marabu, lächerlich. Renne ich vielleicht mit dem Kopf? Nein, sagte der Marabu, aber mit ihm manchmal gegen eine Wand, wenn du nicht gerade offene Türen einrennst.

[664] Wer einen Hausschlüssel hat, braucht nicht mit dem Kopf durch die Wand zu gehen.

[665] Wenn erst mal einer mit dem Kopf durch die Wand gegangen ist, rühmen sich die anderen, durch die Wand sehen zu können.

[666] der verteidigungsminister ließ sich die sache durch den kopf marschieren.

[667] Kein Mensch weiß, was in ihm schlummert und zutage kommt, wenn sein Schicksal anfängt, ihm über den Kopf zu wachsen.

[668] Was ein Mann nicht im Kopf hat, muss er in den Beinen haben. Was eine Frau nicht in den Beinen hat, sollte sie wenigstens im Kopf haben.

[669] „Was man nicht im Kopf hat, muß man in den Beinen haben“, sagte das Mädchen, das nichts als Flausen in den Beinen hatte.

[670] Was man nicht im Kopf hat, muß man in den Beinen haben, denn wer keinen eigenen Kopf hat, dem leiht auch keiner einen.

[671] Die Macht steigt auch denen zu Kopf, die keine haben, doch verraucht sie hier rascher.

KÖPFCHEN

[672] K(n)öpfchen muß man haben.

KORB

[673] Und die merkwürdige Ironie, daß man die Neugeborenen in Körbe legt, als ob man der Eltern vorrupfen wollt', hättet's ein's dem andern einen Korb gegebn, so hättet's die Sorg' nicht auf'n Hals.

[674] „Ich trinke Jägermeister, weil er in dem Korb war, den ich von Michael bekam.“

KÖRNCHEN

[675] wo in dem Getreide denn das Körnchen Wahrheit?

KOSTEN

[676] Sie taten alles, um ihn nicht verhungern zu lassen, bei der beständigen Sorge, daß er auf ihre Kosten satt werden könnte.

KRACH

[677] Er schlug Krach, weil er seine Ruhe haben wollte.

KRÄHE

[678] *Beweis*
Eine Krähe hackte
Einer andern

Die Augen aus
Und rief triumphierend:
„Siehst Du! Du bist
Keine Krähe“

KRAUT

[679] Wo Dummheit ins Kraut schießt
geht die Vernunft in die Binse

KREUZ

[680] es ist gar nicht unser kreuz, das wir auf uns nehmen.

KREUZEN

[681] „Kreuze niemals den Weg der Götter!“ sagte die Schnecke. Da ging das Wagenrad über sie hinweg.

KRIEG

[682] „Der Krieg macht Männer“, steht auf einer nachgelassenen Elefantenhaut Alexanders I., und diese Unweisheit gilt bis auf den heutigen Tag, wie man sieht.

KRIEGSFUSS

[683] seitdem du mit dir auf Kriegsfuß stehst, gehst du dir entgegen.

KROKODILSTRÄNEN

[684] Krokodilstränen rinnen eine harte Haut hinunter.

KRUG

[685] *Irrtum*
Der Krug, wie der Volksmund spricht,
Geht zum Brunnen, solang, bis er bricht.
Doch das Sprichwort irrt:
Der Krug, der zerklirrt,
Der tat ja nur seine Pflicht!

[686] Der Student geht so lange zur Mensa, bis er bricht.

Ein Küßchen in Ähren
kann niemand verwehren!

Alte Bauernburschen-Weisheit

[687] Wußten Sie schon, daß der Krug nur so lange zum Brunnen geht, bis wieder Geld für Bier im Hause ist?

[688] Der Krug geht so lange zum Brunnen, bis er bricht, sagten unsere Großväter, auf jede actio folgt die reactio, sagen unsere modernen Gurus.

KUNST

[689] Der Fleiß ist lang, der Lohn ist kurz.

KURZ

[690] Kurz und gut? wär's schon recht!
Doch ihr macht's kurz und schlecht.

KÜRZE

[691] In der Kürze liegt auch die politische Würze.

[692] „In der Kürze liegt die Würze", sagte der Kannibale, als er die Beine des Lügners kostete.

[693] In der Kürzel liegt die Würzel.

[694] Nicht in jeder Kürze steckt soviel Würze.

KUSS

[695] Ein Kuß in Ehren ist kein Büstenhalter.

[696] Ein Bit in Ehren kann niemand verwehren.

[697] Ein Küßchen in Ähren
kann niemand verwehren!

KÜSSEN

[698] Eine, die viel küßt, kommt bald ins Bett, sagt eine altdeutsche Volksweisheit – inzwischen empfiehlt sich die umgekehrte Eskalation, ästhetisch, sogar moralisch.

L

LACHEN

[699] *Einem Verzweifelten in den Terminkalender:*
Mir ist, ich gesteh's, das Lachen noch nicht vergangen.
So lang schon gehen wir gut essen und geben
unsere Verzweiflung bekannt. Darum,
liebe Mitesser, Mahlzeit.

[700] Über sich selbst zu lachen? Daß ich nicht lache . . . !

[701] „Ihr habt leicht lachen!" sagte der Komiker, ehe er sich erhängte.

[702] der gefangene sprach vom recht auf selbstbestimmung.
der zeigefinger des soldaten krümmte sich vor lachen.

[703] Wer zuletzt lacht, bleibt verhallend mit sich allein.

[704] *In den Schwanz gebissen*
wer zuerst lacht lacht zuerst noch
wer zuzweit lacht lacht zweimal
wer gleich lacht lacht doppelt
wer zuerst kommt mahlt am besten
wer zuzweit kommt sieht doppelt
wer nicht kommt lacht als letzter
wer zuletzt kommt beißt die hunde
wen der hund beißt ist der erste

[705] Wer zuletzt lacht, hat's nicht eher begriffen.

[706] „wer zuletzt lacht" niemand hört hin.

[707] „Wer zuletzt lacht, lacht am besten": Dies Wort erdachte sich die enge Seele eines schlechten Verlierers.

[708] Wer zuletzd lacht lacht am besde
secht de Dood zum Narr un kichert

Land

[709] Ein anderer Mensch, andere Augen.

[710] Andere Länder – anderes Essen.

[711] Andere Leute – andere Bilder.

[712] Andere Länder – andere Feriengewohnheiten.

[713] Andere Länder – gleiche Probleme.

[714] Andere Länder – andere Stundenpläne.

[715] auch die armen länder sollen sich den kapitalismus leisten können, sagte der präsident. wir wollen ihn den leuten dort vorschießen.

[716] Halt dich ans Land! Es nährt seinen Mann! Weisheit der Alten, ohne Wissen vom Nachher.

[717] Umgang mit Wurst ernährt seinen Mann.

[718] Hättet ihr lieber Kerzenzieher gelernt. Das Kerzenziehen nährt seinen Mann.

Lang

[719] Das is für lang, wie der Küster gesagt hat, wie die „Schwan"-Wirtin ihn geheirat und auf die Nacht die Zähn ins Wasserglas geschmissen hat.

Latein

[720] Wussten Sie schon, dass es Griechen gibt, die mit ihrem Latein am Ende sind?

Laus

[721] Der Name macht den Kohl nicht fett!

Die Festgabe der Natur
Schenken und
schenken lassen!
160
Echt
Stonsdorfer
Die Stonsdorferei

[722] Eine Schwalbe macht den Kohl nicht fett.

[723] Mit jedem Individuum setzt sich ein Kollektiv eine Laus in seinen Pelz.

Leben (Subst.)

[724] „Das Leben geht weiter." Als es erlaubt ist.

[725] Wenn man das Leben einen Traum nennt, dann freilich träumt man vom Leben.

[726] Das Leben ist ein Traum, der sich selbst bezweifelt.

[727] Das Leben ist keine Versicherungsanstalt.

[728] „Was für ein Leben!" seufzte die Geschichte, die Lehrmeisterin des Lebens. „Jedes Jahr ein neuer Lehrplan!"

Leben (Verb.)

[729] Jeder plant für sich allein.

[730] Frieren und frieren lassen.

[731] Schenken und schenken lassen!

[732] Schmecken und schmecken lassen.

[733] Leben und sparen lassen. Per Dauerauftrag.

[734] Siegen und siegen lassen.

[735] Lügen und lügen lassen.

[736] Lachen und lachen lassen.

[737] „Leben und leben lassen", sagte der Jäger, als er vorbeigeschossen hatte.

[738] „Man lebt nur einmal."
„Ich hab' an einmal schon zu viel."

Das hohe Lied der richtigen Lüge

Mark Twain war zu einem Festessen eingeladen und machte seiner Tischdame ein Kompliment: „Sie sehen aber bezaubernd aus.“ Darauf die Tischdame spitz: „Leider kann ich Ihnen das Kompliment nicht zurückgeben.“ – „Trösten Sie sich“, erwiderte darauf Mark Twain, „machen Sie es wie ich – lügen Sie!“

Wie Mark Twain, so soll sich fortan

jedermann über brenzlige Situationen hinwegretten können – mit Hilfe des Buches „Lügen und lügen lassen“, das der Kölner „Lügenspezialist“ Edgar Forschbach bei Econ herausgebracht hat (240 Seiten, 20,– DM).

Mit seinem Vorschlag, das Alltagsleben durch kleine Lügen aufzubessern, befindet sich Forschbach in bester Gesellschaft. Er darf sich zum Beispiel auf Papst Paul IV. berufen, der einmal gesagt hat: „Die Welt will getäuscht sein, also werde sie getäuscht.“

Wichtigste Voraussetzung, die für das Gelingen einer Lüge gestellt werden muß: Der Lügner muß ein absolut bescheidener Mensch sein, denn die Lüge ist ein Kunstwerk, bei dem der Künstler und seine Leistung in den Hintergrund treten müssen. Wer sich seiner Arbeit rühmen will, soll Schlagersänger oder Nobelpreisträger, aber auf gar keinen Fall Lügner werden.

Forschbach hat jedoch nicht nur eine Anleitung zum „richtigen Lügen“ geliefert, sondern eine Kulturgeschichte der Lügen und des Lügens geschrieben. Es ist ein Lehr- und Übungsbuch und ein amüsanter Ratgeber für alle Lebenslagen und: ganz einfach eine amüsante Lektüre. Und das ist nicht gelogen.

[739] Man lebt nicht einmal einmal.

[740] Man stirbt nur einmal.

[741] Man lebt vom Geld und nicht von der Lieb', drum müssen beim Klang der Taler alle schwärmerischen Seufzer verstummen.

LEHRER

[742] Was die Lehrer verdauen, das essen die Schüler.

LEICHE

[743] *Ausnahme*
Ein Schurke, sein Ziel zu erreichen,
Ging, wie man so sagt, über Leichen.
Doch als eine Katz
Lag tot auf dem Platz,
Zog doch er vor, auszuweichen.

LEIDEN

[744] „Lerne leiden, ohne zu klagen", sagte der Ehemann und riet seiner Frau von einer Scheidungsklage ab.

LEIM

[745] koalitionen sind meistens zu klebrig, um aus dem leim zu gehen.

LENKEN

[746] Wer nicht lenken muß, kann denken.

LERNEN

[747] „Man lernt nie aus", sagte der Löwe, als der Dompteur durch den Feuerreifen sprang und hängenblieb.

LETZTE (DER)

[748] Den Letzten beißen die Pfunde. Alte Sportlerweisheit.

[749] Den Fettsten beißen die Pfunde.

LEVITEN

[750] Jeden Morgen seinen Erfahrungen die Leviten lesen.

LICHT

[751] *Psychoanalyse*
Ein kluger Seelen-Wurzelgraber
Weiß viel ans Licht zu bringen – aber
Vergeßt dabei das eine nicht:
Die Wurzeln sterben ab im Licht.

[752] *Ausnahme*
Dein Licht dien, die Welt zu erhellen;
Doch in verzweifelten Fällen,
Wenn Stürme rasen,
Es ganz auszublasen,
Darfst untern Scheffel Du's stellen!

[753] kaum einer, der sein licht unter den scheffel stellt. die meisten stellen es in seinen dienst.

[754] Man soll sein Licht nicht untern Scheffel stellen. So sieht man besser, daß es aus ist.

LIEBE

[755] Alte Liebe rostet nicht – wenn sie gut vergoldet ist.

[756] „Alte Liebe rostet nicht", sagte die Oma und bewarb sich für die Hauptrolle im Senioren-Report.

[757] Alte Liebe rostet doch.

[758] Keine Ausgabe ohne Einnahme!

[759] Keine Furche ohne Dung!

[760] Keine Seelsorge ohne Diplomatie und Politik!

[761] Liebe auf den ersten Blick – das geht über alle Erfahrung hinaus.

[762] Die Liebe geht durch das Kochen.

[763] Bit geht durch die Kehle . . . wie die Liebe durch den Magen.

[764] Liebe, die durch den Magen geht, braucht das Herz nicht zu belasten.

[765] Liebe geht durch den Magen. Das erklärt ihre häufige Unkenntlichkeit.

[766] *Die blinde Liebe*
Ist die Liebe dann wol blind? Wann ich sie recht seh an,
So siht sie oftmals mehr, als iemand sehen kan,
Und führt, was nirgend da, noch dennoch auff die Bahn.

[767] Liebe und Haß. – Liebe und Haß sind nicht blind, aber geblendet vom Feuer, das sie selber mit sich tragen.

[768] Liebe macht blind aber glücklich.

[769] *Bitte*
Der Alltagsmensch ist schwer erkrankt
Am Leben, öd und unbedankt.
Ich bitt euch herzlich: lobet ihn!
Lob ist die beste Medizin.

LIEBEN

[770] Ich liebe euch wie ein Vater, sagte der Zar zu den Bauern und ließ dem Zarewitsch den Kopf abhauen.

[771] *Nächstenliebe*
„Ihr Menschen, liebet Euren Nächsten stets!"
Befiehlt der Kirche heiliges Gesetz.
Seht, wie gehorsam ihm die fromme Suse ist,
Sie liebet immer den, der ihr der Nächste ist.

[772] Was nützen uns oft die wärmsten Freunde? Sie lieben uns höchstens wie sich selbst – aber wie lieben sie sich selbst!

[773] Für meinen Nächsten würde oft dabei wenig herauskommen, wenn ich ihn liebte, wie mich selbst.

[774] Liebe deinen Fernsten, wie du deinen Nächsten nicht leiden magst, dann wird vielleicht einmal Friede in der Welt werden.

[775] Liebe deinen Nächsten wie dich selbst. Liebe ich mich denn selbst? Ich wüte gegen mich.

[776] Liebe deinen Nächsten wie dich selbst. Denn: Jeder ist sich selbst der Nächste.

[777] Das ist der Witz ihrer Nächstenliebe: nie den zu lieben, der da ist, sondern immer nur den Nächsten, der kommen soll.

[778] liebe deinen Schmarotzer, liebe dich selbst

[779] Man will ja gern seinen Nächsten lieben, aber doch nicht den Nächstbesten!

[780] Was mich betrifft: Je weiter der Nächste von mir entfernt ist, desto lieber liebe ich ihn.

[781] „Liebe deinen Nächsten wie dich selbst!" Das ist ein klares Gebot, vor allem sich selbst zu lieben.

[782] Erkenne Deinen Nächsten wie Dich selbst.

[783] Nichts liebe ich mehr als das kalte, klare, reine Gebirgswasser, sagte der Schlammpeitzker und schnellte vergnügt durch die dicke, warme Lehmpfütze.

LIEBER

[784] In Hinsicht auf Liebesschulden gilt die Regel: lieber verfallen lassen als zu spät einkassieren.

[785] Lieber de Kopp unters Fallbeil als unter euer Pickelhaub!

[786] Lieber eine fleissige Putzfrau, als eine fleissig geputzte Frau.

[787] Lieber reich und gesund als arm und krank.

[788] Lieber einmal zuviel, als einmal zuwenig.

[789] Lieber eine 6 im Lotto als eine 8 im Fahrrad.

[790] Lieber eine Beule im Auto als den Sozialismus in Deutschland.

[791] *Der politische Witz*
Barzel seufzend zu Brandt:
„Diese Bayern . . . “
Brandt lächelnd: „Ja, lieber einen Vogel in der Hand als einen Strauß auf dem Dach . . .“

[792] Lieber einen Briefträger im Bett als einen Kaminfeger auf dem Dach.

[793] Lieber etwas Öl als gar kein Öl.

[794] Lieber ein schlechter Gewinner sein, als ein guter Verlierer.

[795] Lieber schön und stark, als häßlich und schwach.

[796] Lieber ein Glas Dortmunder als eine Wanne Eickel.

[797] Lieber Fürst in der Hölle –
Als Knecht im Himmel.

[798] Lieber ein schlechter Sexfilm als eine gute Enthaltsamkeit.

[799] Lieber einen verklemmten Reißverschluß am Abendkleid als eine verklemmte Jungfer im Morgenrock!

[800] Lieber ein Blatt vor dem Mund als ein Brett vor dem Kopf!

[801] Lieber Gold in der Kehle als Silber im Blick!

[802] „Oh Karl, lieber billige Schulden als teure Miete . . . “

[803] Lieber ein Spatz in der Hand
als nicht alle Tassen im Schrank!

Lieber schön und stark, als häßlich und schwach.
Die weichen Koffer sind zu weich, um das zu beschützen, was drinnen ist. Die meisten festen Koffer sind ganz und gar nicht elegant.
Und dann gibt es den Saturn. Er ist sehr stark: Seine Schalen aus Polypropylen halten jedem Stoß stand, sein Aluminium-Rahmen macht ihn unverformbar, seine versenkten Sicherheits-Schlösser sind unempfindlich.
Außerdem ist der Saturn noch schön. Schauen Sie ihn an: Es gibt ihn in diesem Goldgelb.
Und in 6 weiteren Farben und 7 verschiedenen Größen. Damit es den gibt, der Ihnen gefällt. Zu dem Preis, den Sie anlegen wollen: Von DM 99 bis DM 239.
Wenn Sie sich jetzt Ihren Saturn auswählen, wissen Sie, es ist ein Samsonite: Er hat keine Schwächen.
Samsonite Saturn
Die Vorteile eines Samsonite zum Preis eines Koffers.

[804] Lieber einen Briefkasten in Liechtenstein als eine Brieftaube auf dem Dach!

[805] Lieber ein Ende mit Scheck
als ein Wechsel ohne Ende!

Lied

[806] Wir leben nun einmal auf einer Kugel, die sich um sich selber dreht und dabei das alte Lied, ein bißchen verändert, immer von neuem spielt, wie eine Spieluhr.

[807] „Davon kann ich ein Lied singen", sagen viele, aber keiner singt das Lied.

Linie

[808] Wussten Sie schon, dass manche Menschen nur beim Strassenbahnfahren auf ihre Linie achten?

Links

[809] viele intellektuelle scheinen hierzulande schon zufrieden, wenn man sie links liegen läßt.

Loben

[810] Ältere Rechte. – Wer gelobt werden will, muß sich erst unwidersprochen tadeln lassen.

Los

[811] es ist eine sache, sich in sein los zu schicken, und eine andere, sich schicken zu lassen.

Luft

[812] Gewisse Gedanken machen weder vor Eisernen Vorhängen noch Chinesischen Mauern halt. Sie liegen in der Luft.

Luftschloss

[813] Ich denke, wenn man etwas in die Luft bauen will, so sind es immer besser Schlösser als Kartenhäuser.

Liegen haben kurze Beine

(Alte Möbelpacker-Weisheit)

[814] schönes traditionsbewußtsein, das luftschlösser restauriert.

LÜGE

[815] *Banalitäten aus dem Chinesischen*
Fliegen haben kurze Beine.
Eile ist des Witzes Weile.
Rote Himbeeren sind rot.
Das Ende ist der Anfang jeden Endes.
Der Anfang ist das Ende jeden Anfangs.
Banalität ist jeden Bürgers Zier.
Das Bürgertum ist aller Bürger Anfang.
Bürger haben kurze Fliegen.
Würze ist des Witzes Kürze.
Jede Frau hat eine Schürze.
Jeder Anfang hat sein Ende.
Die Welt ist voll von klugen Leuten.
Kluge ist dumm.
Nicht alles, was man Expressionismus nennt, ist Ausdruckskunst.
Kluge ist immer noch dumm.
Dumme ist klug.
Kluge bleibt dumm.

[816] Daß die Lüge mit ihren kurzen Beinen jetzt gezwungen ist, rund um die Welt zu laufen, und daß sie's aushält, ist das Überraschende an dem Zustand.

[817] „Lügen haben kurze Beine"; und lange Arme.

[818] Wer wirbt, hat kurze Beine,
ich hab gar keine.

[819] Liegen haben kurze Beine. Alte Möbelpackerweisheit.

[820] Lügen haben kurzen Atem.

[821] Geschichte hat kurze Beine.

[822] Lügen haben kurze Beine. Nicht wenige gehen deshalb auf Stelzen.

[823] Lügen haben schöne Beine.

[824] Lieche hawwe korze Baa
awwer guhd geschnirde Schdiwwel

Lügen

[825] Die den Himmel auf Erden versprechen, lügen meistens das Blaue vom Himmel herunter.

[826] Wer lügt, der stiehlt auch! Tantengeschwätz und Afterweisheit. Wer Bier trinkt, stiehlt auch Kakao.

[827] Wer lügt, hat mehr vom Leben.

M

Macht

[828] Macht geht vor Recht, aber die siegreiche Macht schafft einen neuen Rechtszustand.

Mai

[829] Donnert's im Mai
Ist der April vorbei.

Mann

[830] Der Mann ist der Herr des Hauses; im Hause aber soll nur die Frau herrschen.

[831] Man hört zu Zeiten Welt-, Hof- oder Geschäftsleute sagen: „Der Mann ist mir zu gescheidt"! das heißt: „er ist kein Werkzeug"!

[832] *Der Mann und das Wort:*
Ein Mann ein Wort:
so ist die Sprache denn der Ehre Hort.

Doch diese, die verspricht, kann sich versprechen.
Oft haben Worte einen Mann ersetzt.
Doch kann ein Mann ein Wort ersetzen?
Ich möcht' es so gering nicht schätzen.
Die Ehre bloß, das Wort wird nicht verletzt
und jene kann man, dieses nimmer brechen,
da wohl der Mann, das Wort nicht anders kann.
Das meine ist: Ein Wort ein Mann!

[833] Ein Mann ein Wort; aber nur kein Fremdwort mehr, sie sollen es nicht lassen stan.

[834] Ein Mann – kein Wort!

[835] Ein Mann, ein Wort –
eine Frau, ein ganzer Roman.

[836] Selten ist ein Mann so gut als sein Name, aber auch selten so schlecht.

[837] Ein Mann ohne Frau – das verträgt sich. Ein Weib ohne Mann – das verträgt sich nicht.

[838] Männerfreuden – Frauenleiden.

[839] Weh der Frau, die nicht im Falle der Not ihren Mann zu stellen vermag.

[840] Wenn die Frauen dazu angehalten werden, in allen Berufen ihren Mann zu stellen, so werden die Männer naturnotwendig dazu gebracht, ihr Weib zu stellen. Eine volle Konkurrenzfähigkeit ist aber schon deshalb nicht zu erzielen, weil sie nach einer von keinem Parlament der Welt abzuschaffenden Regel wenigstens für ein paar Tage im Monat gehemmt ist. Fluch einer Weltordnung, die die Frauen auch dann noch in den Daseinskampf hinaushetzt!

[841] *Notwendig*
Notwendisch
dassen Mann sein Mann schdeht
wenn Not am Mann is

In de greeßde Not
in Notwehr
schdeht aach e Fraa ihrn Mann

MANTEL

[842] *An die Herren, die schwarze Mäntel tragen*
Ehrwürdig ist der Mantel, der euch ziert;
Ihn zu verspotten, wäre Sünde;
Doch tragt ihn auch, wie sichs gebührt,
Und hängt ihn niemals nach dem Winde.

[843] Klerus und Krieg: man kann auch den Mantel der Nächstenliebe nach dem Winde hängen.

MARSCH

[844] Wussten Sie schon, dass es unangenehm sein kann, wenn uns ein Geiger den Marsch bläst?

MASS

[845] Der Mensch, das Maß aller Dinge.
Das Übermaß.

[846] Wir müssen so lange maßvoll sein, bis das Maß voll ist.

MAUL

[847] Regel für künftige führende Geister: Halt das Maul so lange, bis du das von anderen fordern kannst.

[848] Wer fein das Maul hält, braucht nicht en détail zu lügen.

MAULAFFE

[849] Kalendergeschichten. – Der Geschmack des Biedermeier liebt den Müßiggänger als den zu beschreiben, der Maulaffen zum Fenster hinaus feilhält: weil ihn der antiliberalistische Neid regieren mag, jenem möchten seine Maulaffen am Ende noch abgekauft werden.

MEDAILLE

[850] Die Medaille hat eine Kehrseite. Die Kugel viele.

MEINEN

[851] Für das Ertragen jener Umgangsrohheiten, mit denen es, wie man zu sagen pflegt, „so böse nicht gemeint sein soll", ist denn doch nicht jedermann gemacht.

MEINUNG

[852] „Meiner Meinung nach": die Devise derer, die keine haben.

MEISTER

[853] Jüngst fielen, mit großem Getümmel,
Viel Knaben als Meister vom Himmel;
Doch mancher – ich sag nicht von allen –
Ist hart auf den Kopf gefallen.

[854] Es ist noch kein Gott in den Himmel gefallen!

[855] „Es ist noch kein Meister vom Himmel gefallen", sagte der Meister Specht und klopfte dreimal auf Holz.

[856] Es ist noch kein Schulmeister vom Himmel gefallen. Das wäre ja auch noch schöner angesichts der augenblicklichen Lehrerschwemme. Da jagt man eher einen zum Teufel, weil er mal Marx gelesen hat.

[857] Es ist noch kein Meister vom Himmel gefallen. Für die gefährlichen Arbeiten hat man seine Gesellen.

[858] Wenn der Meister vom Himmel fällt, wird dieser auch nicht mehr voller Geigen hängen.

[859] Manchmal fällt doch ein Meister vom Himmel. Ford Fiesta.

[860] Früh übt sich, was ein Beamter werden will.

[861] funktionärswahlspruch: in der beschränktheit zeigt sich der meister.

Mensch

[862] Daß alle Menschen Brüder sind, erinnert nicht zuletzt an Kain und Abel.

[863] „Der Mensch denkt's, Gott lenkt's" . . . Das ist nun wieder nicht wahr. Wenn Gott lenken will, macht er, daß die Menschen nicht denken, er läßt sie den Kopf verlieren.

[864] Der Mensch denkt, aber der Nebenmensch lenkt. Er denkt nicht einmal so viel, daß er sich denken könnte, daß ein anderer denken könnte.

[865] Aber der Mensch denkt und Gott lenkt auch nicht.

[866] Vielleicht ist es tatsächlich so: der Mensch denkt, aber Gott lenkt.

[867] Der Mensch denkt. Und lenkt.

[868] Der Mensch gewöhnt sich an Alles, lernt endlich Alles ertragen, nur habe ich noch keinen gesehen, der sich an Unbedeutsamkeit und Einsamkeit hätte gewöhnen können oder sie hätte ertragen lernen, wenn er eine Rolle am Hofe oder im Staate gespielt hat. Der Kummer, der ihm folgt, verläßt ihn nie und drückt ihm eine Physiognomie auf, die sich von allen Physiognomien des Kummers unterscheidet. Und dieser Kummer drückt sich so leer in solchen Gesichtern aus, daß man vor lauter Mitleiden gähnt, wenn man sie ansieht.

[869] Der Mensch ist eine vollständige Menagerie.

[870] Der Mensch ist, was er denkt.

[871] Der Mann ist, was er trinkt.

[872] „Der Mensch lebt nicht vom Brot allein." Diese unwesentliche Richtigkeit ist ein schwaches Echo der wesentlichen Wahrheit: Das Brot wächst nicht vom Menschen allein.

[873] „Nicht vom Brot allein lebt der Mensch", sagte Herr Meier, als er eine Flasche Sekt und Fräulein Mizzi bestellte.

Ein Mann ist, was er trinkt.
Dimple
12
John Haig & Co.Ltd
Distillers-Markinch
Scotland
Established 1627
Dimple
Dimple ist 12 Jahre alter Whisky. Von Haig seit 1627.

[874] Der Mensch lebt nicht vom Brot allein. Wie wahr! Aber kann man von der Wahrheit leben?

[875] Ein Lohn ist den anderen wert.

[876] Köder. – „Jeder Mensch hat seinen Preis" – das ist nicht wahr. Aber es findet sich wohl für jeden ein Köder, an den er anbeißen muß. So braucht man, um manche Personen für eine Sache zu gewinnen, dieser Sache nur den Glanz des Menschenfreundlichen, Edlen, Mildtätigen, Aufopfernden zu geben – und welcher Sache könnte man ihn nicht geben? –: es ist das Zuckerwerk und die Näscherei ihrer Seele; andere haben anderes.

[877] Menschen, Menschen san mer alle – ist keine Entschuldigung, sondern eine Anmaßung.

[878] *Irrtum*
Ein Mensch meint, gläubig wie ein Kind,
Daß alle Menschen Menschen sind.

[879] Der Herr Staatsanwalt ist auch nur ein Mensch, wir sind alle Steuerzahler!

[880] Wandelt sich der Mensch, wandelt sich seine Sprache.

MIENE

[881] Es ist sehr leicht, gute Miene zum bösen Spiel machen, das man mit andern treibt.

MITGEHEN

[882] Mitgegungen, mitgesungen.

MITTELWEG

[883] Der goldene Mittelweg: das ist die fixierte Vermittlung, die Verbindungsstraße, die als Holzweg endet.

MOHR

[884] *Vergebene Arbeit*
Einen Mohren weiß erwaschen,
Trincken auß geleerten Flaschen,

Einen Esel nackt beschehren,
Eine Sackpfeife abehären,
Einen Peltz im heissen baden,
Mit dem Siebe Wasser laden,
Einem Tauben Lieder singen,
Sand in ein Register bringen,
In den Wind und Wasser schreiben,
Flugwerck ohne Flügel treiben,
Auff den Sand Paläste bauen,
Weibern auff die Tücken schauen,
Wind, Lufft, Lieb, und Rauch verhalten,
Jünger machen einen Alten,
Einen dürren Wetzstein mästen,
Osten setzen zu dem Westen,
Allen Leuten wohl behagen,
Allen was gefällig sagen:
Wer sich deß will unterstehen,
Muß mit Schimpff zurücke gehen.

MOND

[885] Wie lange haben die Hunde den Mond angebellt, ohne daß er sein Schweigen gebrochen hätte!

[886] Sentimentale Ironie ist ein Hund, der den Mond anbellt, dieweil er auf Gräber pißt.

MORGEN

[887] Morgen, vielleicht,
ist auch noch ein Tag.

[888] „Morgen ist auch noch ein Tag“, sagte die Frau, als sie am Muttertag schrecklich verwöhnt wurde.

[889] „Morgen ist auch noch ein Tag“, sagte der Tagedieb und arbeitete.

[890] Morgen Morgen nur nicht heute morgen lern ich morgen lern ich nur nicht heute.

MORGENSTUNDE

[891] Morgenstund' hat Gold im Mund, ist für die Prinzipals gesund, doch richtet s' die Kommis zu Grund.

[892] *Ach, des Armen Morgenstund*
Ach, des Armen Morgenstund
Hat für den Reichen Gold im Mund.
Eines hätt ich fast vergessen:
Auch wer arbeit', soll nicht essen.

[893] *Die Morgenstunde*
Eine frühe Morgenstunde
hatte plötzlich Gold im Munde.

Staunend sieht sie es im Wasser,
wird ganz rot und wieder blasser!

Gold, was hat das zu bedeuten –
ganz so wie bei alten Leuten?

Und dann weint sie eine Träne:
Goldne Zähne! Falsche Zähne!
Gold im Munde! Gold im Munde!
Alt bist du nun, Morgenstunde!

Und ein Dichter trug die Kunde –
sehr verblümt und sehr ästhetisch,
indiskret, doch höchst poetisch –
durch die ganze Weltenrunde:

Morgenstunde – Gold im Munde!

[894] Müßigjang hat Jold im Munde.

[895] Es heißt: Morgenstunde hat Gold im Munde. ... Dieses Sprichwort ... ist unlogisch wie fast alle Sprichwörter, aber gar nicht so absurd. Morgenstunde – ... brrr – mich fröstelt ein wenig. Diese Morgenstunde hat uns beide im Munde. Nicht? Kann man das sagen? Hoffentlich klappt sie nicht die Kiefer zusammen.

[896] Morgenstund ist ungesund.

Morgenstund
ist aller
Laster
Andrang!

[897] Der Morgen Gold im Munde hat –
Ich aber fühl mich hundematt.

[898] „Morgenstunde hat Gold im Munde“: der Wunschtraum nachtscheuer Dentisten.

[899] Morgenstund hat Ei im Mund.

[900] Überstund hat Geld im Mund.

[901] „Ich trinke Jägermeister, weil Morgenstund auch ruhig mal Likör im Mund haben sollte.“

[902] Abendstund' hat Gold im Mund! Ein Gespräch beim Arbeitsamt kann Gold wert sein.

[903] Morgenstund ist aller Laster Andrang!

[904] Morgenstunde hat Go(e)ld im Munde!

[905] Morgentrunk hat Gold im Mund.

[906] Wer die Morgenstund' nicht ehrt,
ist das Gold im Mund nicht wert!

MÜCKE

[907] *Wie man's macht, ist's nicht recht*
Kamele zu schlucken, davor möchten seit Jahren
mich die Mücken bewahren.
Und Mücken zu seigen, da warnt meiner Seel'
mich jedes Kamel.

Erweis ich dem Übel zu viel Ehre,
hofft jedes, daß es das kleinere wäre;
und alle fürchten, ich vermöcht' die Gestalten
nicht auseinanderhalten.

Doch weil ich am wenigsten kann vertragen,
daß Pharisäer, was ihnen gesagt ist, sagen,
und weil überhaupt ich hab meine Mucken:
so pfleg ich Kamele zu seigen und Mücken zu schlucken.

[908] *Zeitung*
Die Presse, die oft voller Tücken,
Macht gern Elefanten aus Mücken.
Noch lieber verfährt
Sie umgekehrt,
Gilts Wahrheit zu unterdrücken.

MÜHLE

[909] auch Gottes Mühlen mahlen so langsam nicht mehr (alles elektrisch).

MUND

[910] wenn du jetzt nicht den Mund hältst, mußt du reden.

[911] Was in aller Munde ist, ist kaum noch jemandes Gedanke.

[912] Es gibt Leute, die nach dem Munde reden, und andre, die sich erst in Ohren vernehmen.

[913] Nach dem Munde reden und nach dem Ohre hören, ist das Geheimnis der angenehmen Beziehungen, an denen die öffentliche Welt unheilbar krank ist.

MÜSSEN

[914] Wer muß, der kann! Möge dir dies rauhe Wort da nur gelten, wo Müssen eine innere Notwendigkeit ausdrückt.

MÜSSIGGANG

[915] Nichts bereuen ist aller Weisheit Anfang.

[916] Wenn Müßiggang aller Laster Anfang ist, so seh' ich nicht ein, warum gerade die arbeitende Klasse schlecht sein soll.

[917] Müßiggang ist aller Psychologie Anfang. Wie? wäre Psychologie – ein Laster?

[918] Eitelkeit ist aller Laster Anfang.

[919] Morjenstund is aller Laster Anfang.

[920] Im Verdikt, daß Müßiggang aller Laster Anfang sei, stimmt der Bürger mit dem Marxisten überein.

[921] [Werbung ist] Aller Lüste Anfang. Das 7. Buch der Werbung.

[922] Manch geschenkter Gaul ist aller Laster Anfang.

[923] Wussten Sie schon, dass die Stossstange aller Laster Anfang ist?

[924] Jeder schwarze Auspuff ist aller Laster Ende.

MÜTCHEN

[925] es gibt auch polizisten, die an den studenten ihr ängstchen kühlen.

N

NACHRICHT

[926] „Keine Nachricht, gute Nachricht", dachte der Tagesschausprecher und grinste eine Viertelstunde lang.

NACHT

[927] In der Nacht sind alle Kühe schwarz, auch die blonden.

[928] Nachts sind alle Mädchen bunt.

[929] Der kleine Glücksritter traute sich nur noch nachts heraus. Da konnte ihm, weil nachts alle Katzen grau sind, keine schwarze über den Weg laufen.

[930] In der Nacht sind nicht alle Kätzchen grau.

In der Nacht sind nicht alle Kätzchen grau.
Das zeigt dieses schöne Beispiel von Schiesser. Die hübsch gestickte Borte am Kragen wiederholt sich in den gleichen Farben am Ärmel und in der Kordel, die die Taille betont. Alles ist aus reiner, feiner Baumwolle. Denn es soll ja nicht nur hübsch aussehen. Sondern sich auch angenehm tragen.
Schiesser
Unsere Masche ist Qualität.
Schiesser-Produkte gibt es auch in Österreich und in der Schweiz.

NAGEL

[931] Mancher klopft mit dem Hammer an der Wand herum und glaubt, er treffe jedesmal den Nagel auf den Kopf.

[932] Es liegt kein Humor darin, daß der Nagel auf den Kopf getroffen wird. Aller Humor knüpft sich daran, daß die Schläge danebengehen.

NARR

[933] „Dem Narren muß man aus dem Wege gehen", das ist ein altes, weises Sprichwort. Da geht man denn am sichersten, wenn man jedermann aus dem Wege geht; einigen, weil man sie kennt, andern, weil man sie nicht kennt. Das Sprichwort verlangt aber nicht mit, daß man den Grund des Platzmachens merken lasse. Es ist nicht nötig und sogar unbefugt, daß ein anderer wisse, ob man die Deferenz der Exzellenz oder dem Peter Sequenz erzeigt. Meistens gibt das mittelste dem letzten nur ein bürgerliches Recht auf das erste.

[934] Daß ein Narr zehn andere macht, ist freilich schlimm genug, aber weit schlimmer ist es noch, daß auch ein Schurke zehn andere macht. Nur die Vernunft macht wenig Proselyten.

[935] Ein Tyrann macht viele.

[936] Wussten Sie schon, dass es Kannibalen gibt, die an einem Clown einen Narren gefressen haben?

[937] Narren sagen die Wahrheit. Um den Preis der Erniedrigung.

[938] Narren sprechen die Wahrheit. Was kann die Wahrheit dafür?

NARRENSEIL

[939] Wir sind Herr über unsere gerechtfertigten Neigungen und werden von den ungerechtfertigten am Narrenseil geführt.

NASE

[940] Wahrheit ist das Erhabenste, drum kann man's nicht jedem auf die Nase binden.

[941] *Nasengedicht*
Wenn aaner e frech Nas hat
sei Nas in alles rinschdeckt
sich die Nas begieße duhd
un alleweil die Nas rimpft
sich alles unner die Nas reiwe
un alsfort an de Nas rumfihrn läßt
soll der sei Nas noch behalde?

Wenn aaner e nass Nas hat
e Nas wo'm schdändisch fortlääft
die er schneuze un festhalde muß
en Kolbe e Rotzschleuder e Gork
e rotgedunse Schnuppeschpriehdos
e Nas die wo annern Nase
aaschdeckt un krank mecht

Ehrlisch
soll der sei Nas noch behalde?

NATUR

[942] Zurück zur Natur, sagte der Hund, trat aus der Hundehütte, beschnupperte den Gartenzwerg und legte sich neben ihn auf den Rasen.

NENNER

[943] Auf den gleichen Nenner gebracht, ist trotzdem nicht jeder gleich. Da ist mancher ein kleiner Riese oder ein großer Zwerg.

NEUJAHRSNACHT

[944] *Januar*
Ist's in der Neujahrsnacht finster und still,
Fehlt es am Geld oder am guten Will'.

NICHTS

[945] Aus nichts wird nie etwas. Dies gibt jeder zu. Aber ebenso ausgemacht ist es, daß etwas nie zu nichts werden kann.

[946] *Viel und Nichts*
Nix un nix gibt gar nix
bissi un bissi gibt e bissi mehr
ebbes un noch ebbes
gibt zuletzd ganz viel
ganz viel un noch mehr ganz viel
is nemmer auszuhalde

NOBODY

[947] „Nobody is perfect", sagte der Neunhundertneunundneunzigfüßler.

NOT

[948] Der Asket. – Der Asket macht aus der Tugend eine Not.

[949] Einen feuchten Hehl werde ich machen aus meiner Lust, eine gewindereiche Untugend aus meiner und jedermanns Not.

[950] *Die Tretmühle*
Du sollst für Laut- und Leisetreter beten:
„Gib Himmel, jedem Stiefel seinen Knecht!
Beliefre uns mit Not! Denn Not lehrt treten!"
Wer nicht getreten wird, kommt nie zurecht.

[951] Die Not lehrt nicht einmal Bremsen.

[952] Not lehrt betteln.

[953] Not lehrt schon des längeren nicht mehr beten. Wann wird es mit dem geschichtlich-gesellschaftlichen Untergrund des Einzelnen so weit sein, daß auch Angst es nicht mehr tut?

[954] Not macht listig.

[955] Aber die Not macht erfinderisch, nicht wahr, und die Liebe auch.

[956] Seine ganze Hoffnung, einmal durch eine große Erfindung reich zu werden, setzte er in seine Not; denn auch für ihn galt „Not macht erfinderisch". Und so unterband er mit äußerster Energie und eiserner Logik jede Behebung seiner Not.

[957] „Not macht erfinderisch", sagte der erfolglose Erfinder und versuchte sein Glück im Armenhaus.

[958] Not macht erfinderisch. So ward ihre Unverzichtbarkeit erfunden. Ohne Not.

[959] Wenn die Hilfe am nötigsten ist, ist der Dank am innigsten.

[960] Wenn Not die Mutter des Fleißes oder der Erfindung ist, so ist es eine Frage, wer der Vater ist, oder die Großmutter oder die Mutter der Not ist.

[961] Wenn die Not die Mutter der Erfindung ist so wäre wohl der Krieg der die Not erzeugt der Großvater der Erfindung. Ein Beweis durch Sprichwörter könnte man presque géometrique nennen.

O

Obst

[962] Eßt mehr Fisch, und ihr bleibt gesund!

[963] eßt mehr obst! ich beiße
in den sauren apfel.

Ohr

[964] Bei einem Ohr herein, beim andern hinaus: da wäre der Kopf noch immer eine Durchgangsstation. Was ich höre, hat bei demselben Ohr hinauszugehen.

[965] pianissimo aus dem Lautsprecher – hat's faustdick hinter den Ohren.

[966] er lieh ihr sein ohr. sie gab es nie mehr zurück.

[967] Wer ganz Ohr ist, hört nicht.

[968] Wer ganz Ohr sein will, schließt die Augen.

OKTOBER

[969] Schaut im Oktober die Maus aus dem Loch, –
Hat sie schon g'fressen oder 's hungert sie noch.

ÖL

[970] Das Öl, das auf die Köpfe der Könige gegossen wird, stillt es die Gedankenstürme?

[971] Weisheit besteht oft darin, Öl auf die Wogen der Wahrheit zu gießen.

[972] „Öl auf die Wogen gießen" ist nicht arabischer, sondern steirischer Herkunft. Als die ersten Postkutschen oder „gölb'n Wog'n", wie man damals sagte, durch die steirischen Lande fuhren, benötigten sie für kurze Strecken oft so viel Zeit, daß die Fahrgäste den Kutschern rieten, sie sollten mal etwas „Öl auf die Wog'n gießen".

ORDNUNG

[973] Ordnung is des halwe Lewe –
e ganzes is merr liewer

[974] Ungerechtigkeit muß sein; sonst kommt man zu keinem Ende.

[975] „Reklame muß sein!" sagte der Einbrecher – da hinterließ er etwas am Tatort.

[976] Sport muß sein!

[977] Hausmusik muß sein!

[978] Bewegung muß sein.

[979] Wo keine Milch, da keine Musik!

P

Pantoffelheld

[980] Wußten Sie schon, daß sich Pantoffelhelden oft nicht mal Pantoffeln leisten können?

Papier

[981] Der Telegraph is grad' so geduldig als 's Papier.

[982] *Bücherkritiken*
Der Autor beschaut's nicht,
Den Leser erbaut's nicht,
Den Beweis bleibt man schuldig –
Das Papier ist geduldig.

[983] „Papier ist geduldig", sagte der Dichter und ließ seinen weißen Bogen ein Jahr auf einen Einfall warten.

Pauke

[984] Was einer auf die Pauke haut, das bläst das Blech wieder weg.

Perle

[985] Für den Lyriker: Du sollst keine falschen Perlen vor echte Säue werfen!

[986] wenn die säue doch perlen fräßen!

[987] Man braucht manchmal Säue, um ihnen Perlen vor die Füße zu werfen.

[988] Wirft man Perlen vor die Sau,
weint alsbald die Ehefrau!

[989] „Eure Perlen sollt ihr nicht vor die Säue werfen", sagte der Evangelist und meinte die Perlen des Geistes. Er konnte nicht

die Massenproduktion von falschen Perlen voraussehen, mit denen man das Publikum zur Sau macht.

[990] Ideeje vor die Säu schmeiße is zwecklos
denn die werrn net fett devo.

PFEIFEN

[991] *Musikalisches*
Ein Mensch, will er auf etwas pfeifen,
Darf sich im Tone nicht vergreifen.

PFENNIG

[992] Wer den Pfennig nicht ehrt
ist die Valuta nicht wert.

[993] Weltspartag. – Wer den Pfennig ehrt, betet den Taler an.

[994] Wer Ihren Cent nicht ehrt,
ist Ihrer Dollars nicht wert.

[995] Wer die Gegenwart nicht ehrt,
ist die Vergangenheit nicht wert.

[996] Wer den Pfennig ehrt, ist auch des Talers wert.

[997] Wer seinen Verbrecher nicht ehrt, ist die Tat nicht wert.

[998] Wer die Chefin nicht ehrt,
ist die Lohntüte nicht wert!

PFERD

[999] Mit wem das Pferd nie durchgeht, der reitet einen hölzernen Gaul.

[1000] Was rühmst du deinen schnellen Ritt!
Dein Pferd ging durch und nahm dich mit.

[1001] Wo Leidenschaft herrscht, da ist es, als ob die Pferde durchgingen; wo Liebe besteht, da ist es, als ob die Landschaft sich wiegte.

Wer die Gegenwart nicht ehrt, ist die Vergangenheit nicht wert.

[1002] „In der Furt soll man die Pferde nicht wechseln“, sagte der Reiter, als er merkte, daß er sich auf ein Flußpferd gesetzt hatte.

PLAN

[1003] Pläne machen. – Pläne machen und Vorsätze fassen bringt viel gute Empfindungen mit sich; und wer die Kraft hätte, sein ganzes Leben lang nichts als ein Pläne-Schmiedender zu sein, wäre ein sehr glücklicher Mensch: aber er wird sich gelegentlich von dieser Tätigkeit ausruhen müssen, dadurch, daß er einen Plan ausführt – und da kommt der Ärger und die Ernüchterung.

PLATZ

[1004] Als er seinen Platz an der Sonne errungen hatte, war sie gerade am Untergehen.

[1005] Nun hat die Welt ihren Platz auf dem Mond. Fehlt ihr noch der Platz an der Sonne.

PRANGER

[1006] kurzsichtig. die menge glaubt an ein denkmal, wenn ein minister am pranger steht.

PROBIEREN

[1007] Studieren geht über Probieren.

[1008] Probieren geht über Studieren, tadelt das Sprichwort die Theorie und wird theoretisch.

PROPHET

[1009] Es ist ein wahres Wort, „daß der Prophet bei den Seinen nicht gelte“. Aber das sollte Niemanden eitel, kleinmüthig oder gleichgültig machen, – vielmehr Jeden bewegen, bei den Seinen so zu wirken und zu leben, daß sie ihn zu schätzen, zu achten, sich genöthigt sehen.

[1010] ein prophet revanchiert sich: das vaterland gilt ihm nichts.

Studieren geht über Probieren.
Ihre Haut sollte Ihnen zu schade sein, um darauf alles mögliche auszuprobieren.
Deshalb gibt es Vichy Kosmetik in der Apotheke. Dort, wo Sie von jemandem beraten werden, der studiert hat – auch, womit welches Hautproblem zu behandeln ist. Wir haben für ihn auf jede Packung die genaue Zusammensetzung geschrieben. Z. B. bei Vichy Gesichtsmilch für normale Haut:
Nichtionogene Emulsion von höheren Fettalkoholen und Fettsäureestern, Extrakte aus Getreidekeimen, stabilisiertes Pflanzenöl, Decyloctodecanat, Dimethylpolysiloxan, Paraoxybenzoësäureester, Duftstoff, entmineralisiertes Wasser.
So kann der Apotheker genau feststellen, welches Vichy Produkt für Ihren Hauttyp am besten ist und ob es Ihnen bestimmt nicht schaden kann.
Diese Beratung ist entscheidend für die Wirksamkeit eines Kosmetikums. Und für die Schönheit Ihrer Haut.
LAIT VICHY
VICHY
Die Apotheken-Kosmetik.

[1011] Es ist eine alte Weisheit: Der Prophet gilt nichts im eigenen Lande, oder, anders gesagt, eine Geschichte muß erst in der New York Times stehen, um auch hier geglaubt zu werden.

PROTESTIEREN

[1012] „Wir protestieren dagegen, daß man uns ißt", sagte im Namen des Rindviehverbandes ein Ochse. „Nichts gegen den Fleischverzehr im allgemeinen. Das wäre eine undemokratische Einmischung in fremde Angelegenheiten."

PULVER

[1013] wie er sein Pulver verschossen hatte war's Qualm.

[1014] Wussten Sie schon, dass unsere Skikanonen ihr letztes Pulver verschossen haben?

R

RACHE

[1015] Rache ist Honig bei Gelegenheit!

RAD

[1016] Es gibt nicht soviel Räder wie Leute, die darunter geraten.

RASTEN

[1017] Was rostet, das kostet.

RAT

[1018] Guter Staat ist teuer.

[1019] Guter Wirtschaftsrat ist teuer.

[1020] Gute Ratschläge sind teuer, aber befolgt werden sie meistens nicht.

Guter Wirtschaftsrat ist teuer

[1021] Wussten Sie schon, dass guter Rat teurer geworden ist?

[1022] Viele Eltern klagen über radikale Lehrer. Neuerdings auch über Radikale im privaten Dienst, die wie etwa Studienrat Worps, für eine Privatstunde 40 Mark verlangen. Aber, aber! Guter Studienrat ist nun mal teuer.

[1023] Guter Rat ist wirklich teuer – vor allem dann, wenn man sich danach richtet.

[1024] die meisten leute stehen gern mit rat und tat beiseite.

[1025] Viel Unrat macht viel Ratten – denkt der, der lange warnte.

[1026] „Zu viel Rat ist Unrat", sagte die Frau beim Frühjahrsputz im Rathaus.

Ratte

[1027] Die Ratten verlassen das sinkende Schiff, nachdem sie sich am Speck den Magen verdorben haben. Das gilt vom Anhang und vom Stil eines gewissen deutschen Publizisten.

[1028] m. s. freier westen. nicht mal die ratten verlassen das sinkende schiff. sie sind am ruder.

[1029] *Verteidigung der Ratten*
Wenn wir die Ratten
verjagen von unserem
freiheitlich-demokratischen Dampfer,
wie
werden wir
zeitig gewahr,
falls er wirklich mal sinkt?

[1030] Warum nimmt man den Ratten übel, daß sie das sinkende Schiff verlassen? Wozu braucht man auf einem sinkenden Schiff noch Ratten?

[1031] Rette sich, wer kann [die Ratten verlassen nicht das sinkende Schiff].

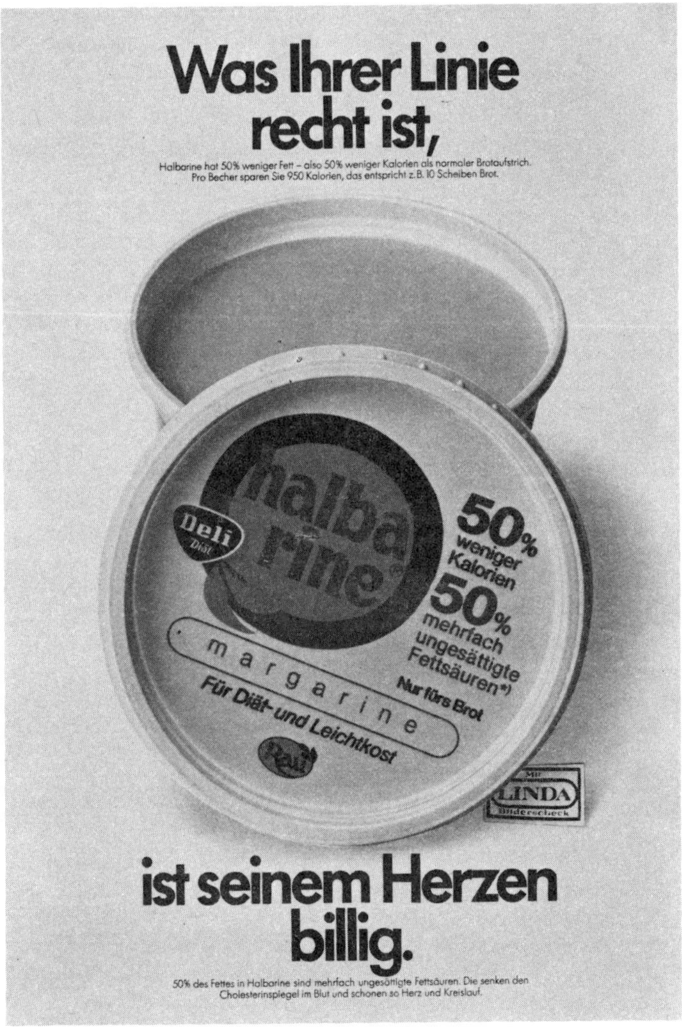
Was Ihrer Linie recht ist,
Halbarine hat 50% weniger Fett – also 50% weniger Kalorien als normaler Brotaufstrich. Pro Becher sparen Sie 950 Kalorien, das entspricht z. B. 10 Scheiben Brot.
Deli Diät
halbarine
50% weniger Kalorien
50% mehrfach ungesättigte Fettsäuren*)
Nur fürs Brot
margarine
Für Diät- und Leichtkost
LINDA
ist seinem Herzen billig.
50% des Fettes in Halbarine sind mehrfach ungesättigte Fettsäuren. Die senken den Cholesterinspiegel im Blut und schonen so Herz und Kreislauf.

RECHNUNG

[1032] Der schöpferische Mensch sieht Helenen in jedem Weibe. Er hat aber die Rechnung ohne den Analytiker gemacht, der ihn erst darüber aufklärt, was er eigentlich in Helenen zu sehen habe.

[1033] Unternehmen, die heute die Rechnung ohne die Verbraucher machen, werden morgen dafür zahlen müssen.

RECHT (ADV.)

[1034] Alles was recht ist, sagte er. Scheiße, wem Scheiße gebührt.

[1035] Was der Geschäftsreise recht ist, ist dem Urlaub billig.

[1036] Was Ihrer Linie recht ist, ist seinem Herzen billig.

[1037] Was Ihrem Auto recht ist, sollte Ihrer Familie billig sein.

RECHT (SUBST.)

[1038] Recht ist Besitz.

[1039] *Recht*
Die Grundrechde verletze
um die Grundrechde ze erhalde
mit Elektrode foldern
um kaa Schburn ze hinnerlasse
in de Bauch schieße
um net 's Herz ze treffe
de Kerl umbringe
ummen am Lewe ze halde

Recht muß Recht bleiwe
aach wenn die Gerechdischkeit
fleede geht

[1040] Was Recht ist, muß rechts bleiben.

REDE

[1041] Kurze Rede, langer Sinn – Glatteis für die Eselin!

REDEN

[1042] Man redet, wie man sich kennt.

[1043] Schweigen ist wie Gold, die Red' ist silbern, manchmal auch von Bleche.

[1044] Schweigen sei Gold, Reden aber nur Silber ist die Maxime derer, die, damit sie Blech reden können, den Befehl ergehen lassen: Schnauze halten!

[1045] Gewiß kann Schweigen Gold oft sein.
Doch bringt auch Reden Geld herein.

[1046] „Reden ist Silber" – dem Judas; und das Schweigen der Sklaven ist das Gold der Tyrannen.

[1047] Manchmal ist Schweigen nur Silber.

[1048] Reden ist Silber, Ausreden Gold!

[1049] Reden ist Silber, Schweigen ist Öl.

[1050] Schweigen ist Geld.

[1051] Reden ist Silber – Schreiben ist Gold.

[1052] Reden ist Silber, Schweigen ist Gold, schwatzt da einer daher.

[1053] Maul halde is Gold schdumm sei is goldischer

[1054] *Spruchgedicht*
Redd net fer Silwer
wann de Schweische vergolde kannst
die Lieb geht dorsch de Geldbeudel
un was lang währt kann net besser werrn

Wer zuletzt lacht
duhd's demit er net flenne muß
wer ehrlisch liecht secht die Wahrheit
un maant ganz was anneres

Kaa Sau frißt ihr Ferkel
solang ihrn Trooch noch voll is
wer seet der meeht vielleicht gar nix
kimmt Zeit vergeht Unrat

[1055] *Völlerey und Plauderey*
Wer viel redet, muß viel trincken; welcher aber trincket viel, Kan hingegen selten reden, was er wil, und wann er wil.

REGEL

[1056] Keine Regel ohne Ausnahme? Das wäre mir eine saubere Philosophie! Jede Regel ist ohne Ausnahme; sonst ist sie keine Regel.

[1057] Keine Ausnahme ohne Regel.

REGEN

[1058] „Auf Regen folgt Sonnenschein", sagte der Spaziergänger, bevor er vom Regen in die Traufe kam.

[1059] Vom Segen in die Traufe.

REGEN (SICH)

[1060] Sich nicht regen bringt auch Segen!

[1061] Regen bringt Segen.

[1062] Sich regen? von wegen! Wahlspruch der Faulpelze.

[1063] Sich bewegen bringt Segen.

REIBEN

[1064] Wer reibt, der wird gerieben. Aus Steinen Sand machen und aus grobem Sand feinen machen, bleibt immer ein mechanisches Geschäft.

REIMEN

[1065] *Untreuer Krieg*
Was sich reimt, das schickt sich auch,
Spricht der frische Landes-Brauch.

Vorwärts

„Sich nicht regen bringt auch Segen!“

Drum so schickt sich liegen, triegen
Auch so fein zu unserm kriegen.

REISE

[1066] Die meisten [Leser] sind so geartet, daß sie eine Reise tun müssen, um etwas zu erzählen.

[1067] Wenn einer eine Reise tut, glaubt er davon erzählen zu dürfen.

[1068] Wenn einer eine Reise tut, dann kann er was erleben, und nicht nur auf den Fernstrecken. Auch der Hamburger Nahverkehr bietet Abwechslungsreiches.

[1069] Wenn einer eine Meise hat, dann kann er was erzählen!

RENNEN

[1070] „ ‚Warum rennst du so'? fragt der Fuchs den Hasen, den er schnappen wollte."

RICHTEN

[1071] Sie richten, damit sie nicht gerichtet werden.

ROM

[1072] „Rom ist nicht in einem Tage erbaut worden." Damit entschuldigen sich viele fahrlässige und träge Menschen, welche ihr Geschäft nicht treiben und vollenden mögen, und schon müde sind, ehe sie recht anfangen. Mit dem Rom ist es aber eigentlich so zugegangen. Es haben viele fleißige Hände viele Tage lang vom frühen Morgen bis zum späten Abend unverdrossen daran gearbeitet und nicht abgelassen, bis es fertig war und der Hahn auf dem Kirchturm stand. So ist Rom entstanden. Was du zu tun hast, mach's auch so!

ROSE

[1073] Keine Kirsche ohne ihren Stein.

[1074] Tausend Dornen ohne Rosen.

[1075] Keine Bühne ohne Dornen.

[1076] „Keine Rose ohne Dornen“, sagte Dornröschen, als es bei dem Gepikse nicht einschlafen konnte.

Ross

[1077] Aufs hohe Roß setzen sich meistens diejenigen, die nicht reiten können.

Ruhe

[1078] Eckehart führt an, Gott sage in der Weisheit Salomonis: „ In allen Dingen suche ich Ruhe.“ – Wer Ruhe sucht, ist voller Unruhe!

Rund

[1079] „Jetzt geht's rund!“ sagte der Zeiger und arbeitete rund um die Uhr.

S

Sache

[1080] „Die Sache ist oft dagewesen, ist eine alte Wahrheit!“ schreit man, wenn man etwas nicht hören will. Freilich! Aber hat sie schon gewirkt? Ist sie befolgt? Die Wahrheiten müssen laut alle Tage wiederholt werden, bis ihre allgemeine Befolgung die Wiederholung überflüssig macht.

[1081] Eine jede Sache hat ihre Werktags- und Sonntagsseite.

[1082] Jede Sache hat drei Seiten, zwei räumliche, die dritte aus Zeit, um die Widersprüchlichkeit urbar zu machen.

Säen

[1083] Säen ist nicht so beschwerlich als ernten.

SAGEN

[1084] Für eine Pointe wird eine Wahrheit geopfert, und gut gesagt ist halb gelogen.

[1085] Leicht gesagt – schwer getan.

[1086] Gut gebaut, ist halb getraut! Teenager-Weisheit.

[1087] Frech gesagt ist halb gekündigt!

[1088] Wer gar nichts zu sagen hat, macht immer die meisten Worte.

[1089] *Leicht gesagt:*
Wer mehr sagt, als er tut, predigt.
Wer weniger sagt, als er tut, lügt.
Wer sagt, was er tut, ist eitel. Wer tut,
was er sagt, ist gut.

SALZSÄULE

[1090] Wer zur Salzsäule erstarrt ist, braucht sich nicht mehr umzusehen.

SAND

[1091] wo die väter auf sand bauen, bauen die söhne auf sandsäcke.

[1092] Wer mit uns baut, baut nicht auf Sand.

[1093] Um überhaupt nur zu sehen, muß man den Sand aus den Augen kriegen, den die Gegenwart beständig hineinstreut.

[1094] Eine halbe Warheit ist schlimmer als Sand in die Augen: sie tut nicht weh.

SATTELN

[1095] „Wer gut sattelt, reitet gut", sagte der Koch und ritt den Braten mürbe.

SCHADEN

[1096] Jedermann ist sehr bereitwillig durch Schaden klug zu werden, wenn nur der erste Schade der dieses lehrt wieder ersetzt wäre.

[1097] Durch Schaden wird man klug,
Sagen die klugen Leute.
Schaden litt ich genug,
Doch bin ich ein Thor noch heute.

[1098] Durch Schaden wird man klug. Du gehst auf Heiles Pfaden,
Wenn statt durch eignen klug du wirst durch fremden Schaden.
Beispiele stehn vor dir, nimm Warnung an von ihnen,
Daß du nie mögest selbst zum Warnungsbeispiel dienen.

[1099] Warnen, Raten, Meinen
Hilft uns wenig genug:
Von dem Schaden des einen
Wird der andre nicht klug.

[1100] Advokat des Teufels. – „Nur durch eigenen Schaden wird man klug, nur durch fremden Schaden wird man gut" – so lautet jene seltsame Philosophie, welche alle Moralität aus dem Mitleiden und alle Intellektualität aus der Isolation des Menschen ableitet: damit ist sie unbewußt die Sachwalterin aller irdischen Schadhaftigkeit. Denn das Mitleiden hat das Leiden nötig, und die Isolation die Verachtung der anderen.

[1101] Nur durch Schaden werden wir klug – Leitmotiv der ganzen Evolution. Erst durch unzählige, bis ins Unendliche wiederholte leidvolle Erfahrungen lernt sich das Individuum zum Meister über sein Leben empor. Alles ist Schule.

[1102] Schaden macht klug. Aber jeder hat Gebiete, wo er daraus nichts erfährt, wo ihm der Schaden nichts „anhat". So wird niemand aus jederlei Schaden klug.

[1103] Die schlimmste Schule ist auf Erden
Doch die: durch Schaden schlau zu werden!

[1104] Das Kind wurde aus Schaden immer nur sehr vorübergehend klug.

[1105] Wählen Sie lieber gleich den richtigen Rechtsschutz. Bevor Sie durch Schaden klug werden.

[1106] Wer dorsch Schade dumm werd
werd nie dorsch Bleedheit schlau

[1107] „Wer den Schaden hat, darf für den Spott nicht sorgen."

[1108] Wer den Schaden hat, muß die Police 'rausholen!

[1109] Wer den Schaden hat, spottet jeder Beschreibung!

[1110] Wer den Schaden hat, braucht für Schrott nicht zu sorgen.

[1111] Wer den Schaden hat, braucht für Spott nicht zu sorgen. Ihm wird die Schadenssumme auf die Preise geschlagen.

SCHAF

[1112] die professoren bringen ihre schäfchen ins trockene.

SCHAFSKOPF

[1113] ein Schafskopf oder zwei (blökend) machen kein Hirtenlied.

SCHALE

[1114] In einer rauhen Schale steckt oft ein fauler Kerl.

SCHAM

[1115] Die Scham liegt nicht im Hemde!

HÖRZU-MINI-POSTER

In einer rauhen Schale steckt oft ein fauler Kerl

Macht sich im Betrieb besonders gut!

SCHATTEN

[1116] *Die Poeten*
Über seinen Schatten springen,
Kan dem Leichsten nicht gelingen.
Tichtern aber kans gelingen,
Über ihren Tod zu springen.

SCHEIN

[1117] Der Schein trügt – wenn er gut nachgemacht ist.

[1118] Nur der Schein trügt nicht.

[1119] *Illusion*
Ein Tor haßt die Lebenslüge
Und schwört, daß der schöne Schein trüge.
Doch dreimal nein!
Der schöne Schein
Allein hält das Weltgefüge.

[1120] Der [Geld] Schein trügt. Alte Fälscherweisheit.

[1121] Schein hat mehr Buchstaben als Sein.

SCHELM

[1122] „Ein Schelm, der Schlechtes dabei denkt", sagte die Ehefrau, als ihr Liebhaber im Schrank niesen mußte.

[1123] Wie der Schelm ist, so denkt der Psycholog.

SCHERBE

[1124] „Scherben bringen Glück", sagte der Glaser, der den Leuten über Nacht die Scheiben einwarf.

[1125] *Sprünge*
Scherwe bringe Unglick
denkt de Has im Porzellanlade
un leecht sich
zum Elefant in de Peffer

HÖRZU-MINI-POSTER
Der Schein trügt
Alte Fälscherweisheit
Zeichnung: Mandzel

Nor Eil mit Tembo
secht die Flint im Korn
die Fliß laafe de Berch nuff
un mir hawwe kaan Mohammed

Sich reeche bringt gar nix
nor Haarn in de Supp
denke die Schpring
un helfe sich selwer druff

SCHEREREI

[1126] Wussten Sie schon, dass langhaarige Soldaten oft Scherereien bekommen?

SCHIESSEN

[1127] „Ach, 's ist ja zum Schießen!" hörte ich einen Dreijährigen sagen, einen, der drei Jahre erst gelebt, nicht gedient hatte.

[1128] Wer zu hoch schießt, schießt sich selbst auf den Kopf.

SCHIFFBRUCH

[1129] Auch mit den erprobtesten Regeln leiden wir oft Schiffbruch. Dort aber, wo alles untergeht, sehen wir Schwimmer, die sich auf dem Floß der Ausnahmen retten.

SCHLAFEN

[1130] Der reiche Herr auf seinen Elefanten schläft den gerechten Schlaf des Tüchtigen.

[1131] „Wer schläft, sündigt nicht", sagte der Prinz und ließ das Dornröschen in der Hecke weiterschlummern.

[1132] Wer flippert, sündigt nicht.

SCHLAGEN

[1133] Daß es Dreizehn schlage, geht von der falschen Hoffnung aus, es könne mehr als Zwölf schlagen und dies sei darum nicht das letzte. Nach Zwölf schlägt es allenfalls wieder Eins

– und das ist hoffnungslos. Hoffnung liegt allein in der Zeit zwischen den zwölf Schlägen.

SCHLECHT

[1134] Seit wann ist dann schlecht und recht und recht schlecht einerlei?

SCHMIEREN

[1135] Wie man plant, so fährt man.

SCHNITZER

[1136] die moralmesser machen die meisten schnitzer.

SCHNÜRCHEN

[1137] Es geht alles wie am Schnürchen, zuweilen wie am Strick.

SCHÖNE (DAS)

[1138] Alles Schöne ist vergänglich, nur der Kuhschwanz, der bleibt länglich.

SCHÖNHEIT

[1139] *Schönheit*
Schönheit ist ein Vogel-Leim; ieder hanget gerne dran,
Wer nur fleuget, wer nur schleicht, wer nur manchmal krichen kan.

[1140] Schönheit vergeht, weil Tugend besteht.

SCHOSS

[1141] Was uns in den Schoß fällt, fällt sehr oft unter den Tisch.

SCHRITT

[1142] Um mit der Zeit Schritt zu halten, den Schritt mitunter verhalten.

Schuster

[1143] Fragen Sie mal ihren Schuster nach den Persönlichkeiten, die uns regieren. Wenn er sich offen darüber äußert, braucht Sie auch der Schuh nicht mehr zu drücken. Finster aber wird's, wenn er sich nur in Andeutungen ergeht. Dann ist's immer derselbe Leisten.

[1144] da der Schuster bei dem Leisten bleibt, gehe ich.

[1145] *Leisten*
Von zwei Schustern einer
machte bequemere Schuhe
indes der andere beim alten Leisten
verharrte: Nicht Bequemlichkeit
des Fußwerks sei des Handwerks
Ziel
sondern: unnachgiebiges
Auftreten.

Schwalbe

[1146] Eine Hure macht noch keinen Krieg.

[1147] Siehst du, hielten der einsamen Schwalbe die Spatzen an einem kalten Junitag vor, du machst allein noch keinen Sommer. Gewiß nicht, sagte die Schwalbe, aber warum eigentlich sind hundert ein Argument?

[1148] Der Sommer kam mit einer Schwalbe.

[1149] Ein Sommeranzug macht noch keinen angenehmen Sommer ... aber ist die beste Voraussetzung dazu.

[1150] Ein Nackter macht noch keinen Porno.

[1151] Viele Sterne machen noch keinen Star.

[1152] Auch eine noch so große Anzahl von Schwalben macht keinen Frühling. Dazu bedarf es eines Wetterumschwungs.

SCHWANEN

[1153] „Mir schwant was!“ klagte der Gänserich, als der Hals seines Jüngsten immer länger wurde.

SCHWARZ

[1154] Schwarz auf weiß muß alles sein, wann's geglaubt werden soll,
Schwarz auf weiß nimmt man an als der Wahrheit Symbol.
Im Druck wird jed's Blatt schwarz auf weiß abgezog'n,
Und doch is vom Druckt'n über d'Hälfte erlog'n.

[1155] Schwarz auf weiß: so hat man jetzt die Lüge.

[1156] Wer alles schwarz sieht, der sieht nichts mehr.

SCHWEIGEN

[1157] Tag des Brotgebers. – Das Schweigen der Knechte ist das Gold der Herren.

SCHWEINEHUND

[1158] *Vergeblich*
Merr kann versuche
sich ze ännern
merr kann sein innern Schweinehund
beim Name rufe
awwer was in aam drin sitzt
kann merr net doodschlaache

SCHWER

[1159] Leichte Mädchen haben es jetzt schwer, weil so viele Männer Übergewicht haben.

SEHEN

[1160] Was man nicht sieht, bekommt man zu sehen.

SEHNEN

[1161] „Du sehnst dich nach mir“, sagte der Nagel zum Hammer. „Nein“, erwiderte dieser, „ich sehne mich nach einer Hand“.

SEIN

[1162] „Was nicht ist, kann ja noch werden", sagte das kleine Mädchen im großen Bikini zu dem großen Mädchen im kleinen Bikini.

[1163] Was sein muß, gelingt auch.

[1164] *Tiefschürfend*
Was sei muß muß sei
warum? sei muß halt was
muß dann was sei was net sei muß?
was net sei muß muß net sei
muß iwwerhaupt ebbes sei?

SEINEN (DIE)

[1165] Den Seinen gibts der Herr im Beischlaf.

[1166] Auf daß er es den Seinen im Schlafe geben könnte, verweigerte der HERR ihrem Ohr das Lid.

[1167] den seinen gibts der herr im schlaf. wies gescherr, so der herr.

SEITE

[1168] Alles hat zwei Seiten, sagt die eine Seite zur anderen.

SELBST

[1169] Selbst ist der Mord.

[1170] „Selbst ist der Mann", sagte der Heimwerker und bohrte dem Lauscher an der Wand ins Ohr.

[1171] Selbst ist die Frau.

SELBSTERKENNTNIS

[1172] Selbsterkenntnis ist fast niemals der erste Schritt zur Besserung, aber oft genug der letzte zur Selbstbespiegelung.

Selbst ist die Frau
Mit Poly Lock ist Dauerwellen so einfach:
in knapp 60 Minuten zaubern Sie die Grundlage für Ihre Lieblingsfrisur.
Auftragen – Aufdrehen – Spülen – Waschen – Spülen.
Poly Lock ist so einfach wie sicher
und dazu noch preiswert.
PolyLock
die Frisur wie vom Friseur
Poly Lock
ein Qualitätsprodukt
der Poly Cosmetics-
Forschung

September

[1173] Ist im September der Krebs nimmer gut,
Man keinen zu essen besser thut.

Soldat

[1174] Er geht unter die Soldaten: er will nicht mehr wissen, was geschieht; er will nicht mehr wissen, was er tut.

Sonne

[1175] Die Sprache bringt es an den Tag.

[1176] Lehrer Gerbers Unterrichtsmethoden brachten es an den Tag.

[1177] Nicht die blinde blendende Sonne bringt es an den Tag, aber Musik.

[1178] Wer die Intimität des Lebens kennt, weiß: Bedeutsamer als das wenige, was die Sonne an den Tag, ist das, was der Mond an die Nacht bringt.

[1179] Das Wahltheater in Saigon hat es an den Tag gebracht.

[1180] Eine Kleinigkeit brachte es in Hannover an den Tag.

[1181] Das Bikini bringt es an die Sonne.

[1182] Essig bringt es an den Tag.

[1183] Der Regen bringt es an den Tag.

[1184] Ein Toter brachte es wieder einmal an den Tag.

[1185] Kinder bringen's an den Tag.

Spatz

[1186] Eine neue Erkenntnis muß so gesagt sein, daß man glaubt, die Spatzen auf dem Dach hätten nur durch einen Zufall versäumt, sie zu pfeifen.

SPECK

[1187] Es ist nichts Gutes, wenn der Mensch den Mäusen ablernt, den Speck zu nehmen, ohne in die Falle zu gehen – Gehalt zu tanken, ohne Bindung anzuerkennen – sich überall zu drücken, wenn es ans Bezahlen geht – sein ganzes Dasein als Zaungast zu alimentieren.

SPERLING

[1188] Die Hoffnung auf den Sperling fern am Dachesrand
Ist schöner als die schönste Taube in der Hand.

[1189] Eine feste Taube in der Hand ist besser
als ein loser Sperling auf dem Dache.

[1190] „Ein Sperling in der Hand ist besser als eine Taube auf dem Dache": So spricht der Haß des Krämers gegen alle Poesie.

[1191] Wenn Ihr den Gott lobpreist, ohne dessen Willen kein Sperling vom Dache fällt, warum prügelt Ihr den Knaben, der ihn herunterschießt?

SPIEGEL

[1192] „Der Spiegel sagt immer die Wahrheit", dachte der Mann und sparte das Geld für die Wahrsagerin.

SPIEL

[1193] Laß die Liebe aus dem Spiel, wenn du liebst!

SPINNEN

[1194] Leute, die spinnen, kriegen sich leicht in die Wolle!

SPLITTER

[1195] Der Splitter in deinem Auge ist das beste Vergrößerungsglas.

[1196] *Je nach Geschmack*
Dem Ehepaar, bald nach dem Flitter,
Gesellt sich als Hausfreund ein Dritter.

Es sind solche Schalken
Im Auge ein Balken
Dem einen, dem andern ein Splitter.

SPRACHE

[1197] die deutsche sprache, sagte der kulturpolitiker in seiner festrede, zeichnet sich aus durch ihre unkaputtmachbarkeit.

[1198] Wenn es uns die Sprache verschlägt, sprechen wir endlich ehrlich.

SPRECHEN

[1199] „Davon spricht man nicht!" – ach, und wovon man nicht spricht, das ist aus der Welt?

STAND

[1200] *Klugheit*
Nicht allemal hat Stand Verstand;
Ein Niederer hat offt mehr erkant.

STECKENPFERD

[1201] Die Steckenpferde sind schlechte Kutschpferde. Steckenpferde dienen nicht zum Pflügen.

[1202] *Das Steckenpferd*
Hallo! rief Karl und trieb und schlug
Sein Steckenpferd. Der Gaul blieb stehen
Und sprach zum Knaben, bist du klug?
Wenn du nicht gehst, kann ich nicht gehen.
Dem armen Pferd gleicht mancher Staat,
Dem Knaben mancher Autokrat.

[1203] Das Steckenpferd ist das einzige Pferd, welches über jeden Abgrund trägt.

[1204] und ob er sein Steckenpferd reitet
der Abdecker!

STEHEN

[1205] Ein Standpunkt ist kein Gehpunkt.

STEIN

[1206] Wortschatzübungen. Einen Stein im Brett haben. Wie kann man da noch sagen? „Schinken im Salz“ – das fiel niemandem ein.

[1207] ein Stein des Anstoßes stößt keinen der nicht daran stößt.

[1208] Der Stein, der einem vom Herzen fällt, weist dem nächsten seinen Platz an.

[1209] Im modernen Berufsleben sind unzählige Menschen vor allem damit beschäftigt, anderen Steine in den Weg zu legen.

STERN

[1210] In den Sternen steht nichts geschrieben – Taktik ist alles!

STIMME

[1211] Vox populi – vox Dei – das wollen wir Gott denn doch nicht antun.

STOCKWERK

[1212] „Fünf Stockwerke herunterzufallen, das ist noch nichts“, sagte der Liftboy. „Ich war früher in diesem Hotel Direktor.“

STRAFE

[1213] Strafe muß sein. Auch der Schöpfer dieser Devise entgeht ihr nicht.

STRANG

[1214] Wir ziehen alle am selben Strang. Nur: an verschiedenen Enden.

STROM

[1215] Im Lebensstrom schwimmen. Wer nicht untergehen will, muß nichts erfassen.

[1216] man muß in den strom springen, wenn man gegen ihn schwimmen will.

STRUMPF

[1217] Lieber ein häßlicher Fuß verziehen, als ein häßlicher Strumpf!

STUHL

[1218] Der Platz des Unparteiischen ist auf Erden zwischen den Stühlen; im Himmel aber wird er zur Rechten Gottes sitzen.

[1219] Nicht jeder, der kein Künstler ist, muß deshalb auch schon Erfolg haben. Man kann auch so zwischen zwei Stühlen sitzen, daß man von dem einen hinuntergestoßen und zu dem andern nicht hinaufgelassen wurde.

[1220] Wie man auch setzt im Leben,
man tippt doch immer daneben,
wir sitzen mit unsern Gefühlen
meistens zwischen zwei Stühlen –
und was bleibt, ist des Herzens Ironie.

[1221] er setzte sich zwischen zwei Stühle um nicht zu fallen.

[1222] Das beste an zwei Stühlen ist, daß man zwischen ihnen sitzen kann.

[1223] *Zwischen den Stühlen*
Allerdings: zwischen vielen Stühlen sitz ich
Fest auf der Erde. Es haben sich
Auf wackligen Stühlen schon welche
Zu Tode gesetzt. Ganze Kasten starben
Bei Stuhlbeben.

[1224] Wer zwischen den Stühlen sitzt, sitzt tiefer.

SUCHEN

[1225] Wer sucht, der findet. Ja! nur der nicht, wer erblindet
An Orten sucht, wo sich nicht das Gesuchte findet.

[1226] Wer sucht, findet nicht, aber wer nicht sucht, wird gefunden.

[1227] Wer sucht, sieht übers Gesuchte hinweg.

SÜNDENBOCK

[1228] Der Tugend-Bock. – Beim Allerbesten, was einer tut, suchen die, welche ihm wohlwollen, aber seiner Tat nicht gewachsen sind, schleunigst einen Bock, um ihn zu schlachten, wähnend, es sei der Sündenbock – aber es ist der Tugend-Bock.

[1229] Man erwäge! – Der gestraft wird, ist nicht mehr der, welcher die Tat getan hat. Er ist immer der Sündenbock.

[1230] Besiegte brauchen Sündenböcke.

[1231] Consecratio. – Der Teufel ist der Sündenbock Gottes – das heilige Tier der Theologie.

[1232] Eine andere Art von Sündenböcken, in denen man alle seine schlechten Eigenschaften verstärkt wiederfindet. Statt sich selber zu bessern, wendet man seine ganze Mühe auf die Böcke an; denn da ist es vergeblich, der Bock wird nie besser werden. Die eigene Besserung, mit viel geringerem Aufwand, würde gelingen; und das ist es gerade, was man vermeiden will.

SUPPE

[1233] Ultimo. – Der Hunger macht die Menschen aufsässig, aber ihre Herren brocken ihnen die Suppe der Ergebung ein.

[1234] *Immer dasselbe*
Ein Mensch vor einer Suppe hockt,
Die ihm ein Unmensch eingebrockt.
Er löffelt sie, gewiß nicht froh –
Der Unmensch, der ist, wer weiß wo
Und hofft, man würd' auf ihn vergessen.
Kaum ist die Suppe ausgefressen,
Kommt er zurück von ungefähr,
Als ob er ganz wer andrer wär

Und brockt, bescheiden erst und klein,
Die nächste Suppe wieder ein.
Der Mensch, machts auch der Unmensch plump,
Sieht nicht: Es ist der alte Lump!
Bis ihm vom Auge fällt die Schuppe,
Sitzt er vor einer neuen Suppe!

T

TAG

[1235] „Das wird heut' 'n warmer Tag", sagte die Hexe; da sollte sie verbrannt werden.

[1236] Ein schöner Tag, wollen wir nicht fischen gehn? sagte der Angler zum Wurm.

[1237] „Es ist noch nicht aller Tage Abend", sagte die Eintagsfliege eine Minute nach der Geburt.

[1238] *Reklame*
Wenn vorschnell ihr euch selber Kränze wobt,
Verzeihlich scheint es und erklärlich;
Daß man den Tag schon vor dem Abend lobt,
Ist Eintagsfliegen unentbehrlich.

[1239] *Sprichwörter*
Man darf dem Tag nicht vor dem Abend dankbar sein
und soll das Schicksal nicht für alles loben.
Ein Gutes kommt niemals allein,
und alles Unglück kommt von oben.

Die Peitsche liegt im Weine.
Die Wahrheit liegt beim Hund.
Morgenstund hat kurze Beine.
Lügen haben Gold im Mund.

Mit dieser Tagespflege können Sie den Tag schon vor dem Abend loben.

Die richtige Tagespflege erkennen Sie daran, daß Sie Ihr Gesicht auch am späten Abend nicht verlieren. Und daß Ihre Haut auch nach einem anstrengenden Tag noch frisch und entspannt aussieht. Denn müde Haut ist meist nur falsch gepflegt.

Machen Sie den Ultra Skin Test!

Ultra Skin – das vernünftige Pflegesystem von Margaret Astor – bietet Ihnen zwei entscheidende Vorteile:

Erstens – Ultra Skin hat zwei hochwirksame Pflegeprogramme, denn die Wissenschaftler sind sich längst einig, daß es nur zwei generelle Hauttypen gibt. Vergessen Sie also den ganzen „Hauttypen-Wirrwarr"!

Zweitens – jedes der beiden Ultra Skin Pflegeprogramme hat die richtige Tagespflege mit extrem breiter Wirkungsskala, also die Pflege für den ganzen lieben langen Tag.

Für normale bis fettende Haut:
Ultra Skin Moisturizing Cream.
Für trockene bis empfindliche Haut:
Ultra Skin Day Cream.

Jede Ultra Skin Tagespflege enthält eine ausgewogene Wirkstoffkombination von Kräuter- und Vitaminkomplexen. Und aktive Feuchtigkeit! Feuchtigkeit, die Ihre Haut gerade jetzt im Sommer braucht. Sie dringt tief ein und „tankt" die Haut gründlich auf.

Und vor allem ist Ultra Skin ein sicherer Schutzschild gegen schädliche Umwelteinflüsse, Staub und Schmutz.

Kein Wunder also, daß Ihr Gesicht auch nach einem anstrengenden Tag so frisch und munter wie am frühen Morgen wirkt. Der Abend hält, was der Tag verspricht.

Mit Ultra Skin.

Margaret Astor

Margaret Astor macht schön. COSMETIC INTERNATIONAL

Ein Meister nie alleine bellt.
Vom Himmel fallen keine Hunde.
Dem Glücklichen gehört die Welt.
Dem Mutigen schlägt keine Stunde.

[1240] *Vorsicht*
Ein Mensch, der – weil ers längst erprobt –
Den Tag nie vor dem Abend lobt,
Lernt selbst am Abend noch zu zittern:
Denn oft kommts auch zu Nachtgewittern.

[1241] Man soll den Tag nicht vor dem letzten Ehekrach loben.

[1242] Man soll am Tag nicht für den Abend proben.

[1243] Mit dieser Tagespflege können Sie den Tag schon vor dem Abend loben.

[1244] Man soll den Tag nicht vor dem Abendprogramm loben.

[1245] Lob den Tag vor dem Abend!
Gib nicht nach, wenn du
klüger bist – sonst herrschen
die Dummen!
Manche betten sich gut
und schlafen trotzdem schlecht.
Viele müssen alles so heiß essen,
wie es gekocht wird,
sonst ist kein Essen mehr da!
Es gibt Hunde, die beißen den
ersten besten Postboten!
Liebe geht manchmal durch –
aber nicht durch den Magen.
Wer anderen eine Grube gräbt,
weiß, wo sie ist und fällt
selten hinein.
Mit dem Hut in der Hand
hast du nichts auf dem
Kopf. Mit dem
Sprichwort im Kopf
kommst du
nicht weit!

[1246] Dimple Whisky. Damit man den Tag schon vor dem Abend loben kann.

[1247] Man soll die Braut nicht vor dem Morgen loben.

TANTALUSQUAL

[1248] Die Tantaluswonnen gehören in die Mythologie des Christentums.

TEUFEL

[1249] Exorzismus. – Der Teufel wird ausgetrieben: tief eingetrieben ins Fleisch der Verfolgten.

[1250] Den Teufel mit Beelzebub austreiben: Wenn sie glaubt, er mache ihr Theater vor, macht sie ihm eine Szene.

[1251] „Man soll den Teufel nicht an die Wand malen" – das hat der Taufgöd zu seinem Freund g'sagt, wie der sein Weib hat porträtieren lassen.

[1252] Reine Hand und reine Wand. – Man soll weder Gott noch den Teufel an die Wand malen. Man verdirbt damit seine Wand und seine Nachbarschaft.

[1253] Der Teufel, politisch definiert, das ist der nächste Heiland. Es ist jene Region, wo der Heiland als Teufel an die Wand gemalt wird.

[1254] Ein anderes Sprichwort heißt so: „Wenn man den Teufel an die Wand malt, so kommt er." Das sagt mancher und versteht's nicht. Den bösen Geist kann man eigentlich nicht an die Wand malen, sonst wäre es kein Geist. Auch kann er nicht kommen. Denn er ist mit Ketten der Finsternis an die Hölle gebunden. Was will denn das Sprichwort sagen? Wenn man viel an das Böse denkt und sich dasselbe in Gedanken vorstellt oder lange davon spricht, so kommt zuletzt die Begierde zu dem Bösen in das Herz, und man tut's. Soll der böse Feind nicht kommen, so mal' ihn nicht an die Wand! Willst du das Böse nicht tun, so denke nicht daran, wo du gehst und stehst, und sprich nicht davon, als wenn es etwas Angenehmes und Lustiges wäre.

TIER

[1255] Quäle nie ein Tier zum Scherz – nur zu Geschäftszwecken züchte den Nerz.

TIERCHEN

[1256] „Jedem Tierchen sein Pläsierchen", sagte die Sardine und ließ sich in Öl malen.

TIERFREUND

[1257] „Ich bin ein Tierfreund", sagte der Anlger, als er den Fisch in die Pfanne legte, „nun ist das arme Ding doch heraus aus dem kalten Wasser!"

TINTE

[1258] Geht einem Tintenfisch die Tinte aus, sitzt er ganz schön in der Tinte.

TOD

[1259] „Des einen Tod ist des anderen Brot", sagte der Beerdigungsunternehmer und aß sein Brot mit Krokodilstränen.

[1260] Gegen den Fluch des Gestaltenmüssens ist kein Kraut gewachsen.

[1261] Gegen die Jahre ist noch kein Kraut gewachsen.

[1262] Gegen solche Angriffe sei kein Kraut gewachsen.

[1263] Gegen Glatzen ist kein Kraut gewachsen.

[1264] Ist gegen die Inflation kein Kraut gewachsen?

[1265] Ficken als Kraut gegen den Tod.

[1266] Der Erwachsene: er weiß bereits, daß gegen die Dummköpfe kein Kraut gewachsen ist.

[1267] Gegen Sauer ist kein Kraut gewachsen.

Gegen Frühjahrsmüdigkeit ist ein Kraut gewachsen.
Wußten Sie, daß Frühjahrsmüdigkeit oft nur durch Darmträgheit bedingt ist? Sie ist Folge von Bewegungsmangel im Winter. Doch hiergegen gibt es einen wirksamen Wachmacher. Der bringt die Verdauung wieder in Schwung: MIDRO – Deutschlands beliebtester Abführ-Kräutertee. Er reinigt, entschlackt, entwässert, reguliert. Und macht Frühjahrsmüde wieder munter.
Midro Tee
erhält schlank und gesund auf natürliche Weise

[1268] Gegen Frühjahrsmüdigkeit ist ein Kraut gewachsen.

[1269] Für jeden Hauttyp ist ein Kraut gewachsen. Man muß nur wissen wo.

[1270] Vor dem Friseur sind alle gleich. Wer zuerst kommt, hat den Vortritt.

TON

[1271] Leute, die grosse Töne spucken, sind am wenigsten geeignet, die erste Geige zu spielen.

TOPF

[1272] Wenn der Topf leer ist, tönt er.

TOT

[1273] Lieber rot als tot.

[1274] „Lieber tot als rot", sagte der Antikommunist. Die Erinnerung an seine braune Vergangenheit ließ ihn weder erröten noch sterben.

[1275] Werdet doch mal rot vor Wut
rot ist die Farbe der Liebe
rot ist die Farbe der Hoffnung
rot ist die Farbe der Zukunft
Lieber rot als doof.

[1276] „Lieber tot als rot", sagte die Prüde und starb vor Scham.

[1277] Na, wir sterben alle einmal, so oder so. Und totgesoffen ist besser als totgehungert.

TOTE (DER)

[1278] De mortuis nil nisi bene – man soll von den Lebenden nur Böses reden.

TÖTEN

[1279] „Du sollst nicht töten!" Das Gebot geht den Scharfrichter nicht an.

[1280] Mission. – Du sollst nicht töten, sagte der Priester. Du bringst mich auf etwas, antwortete der Knecht, ging hin und erschlug einen Peiniger.

TRAUBE

[1281] Fuchs der Füchse. – Ein rechter Fuchs nennt nicht nur die Trauben sauer, welche er nicht erreichen kann, sondern auch die, welche er erreicht und anderen vorweggenommen hat.

TRAUEN

[1282] Kau, schau, wen! Alte Kannibalen-Weisheit.

TRAUM

[1283] „Träume sind Schäume", aber nicht des Seifensieders, sondern des urgewaltigen Meeres, das sich Seele nennt.

TREFFEN

[1284] „Beizu trifft man doch immer am besten", sagte Taps, da hatt' er sich den Finger abgehackt.

TREUE

[1285] Zur Genealogie der Moral. – In der Treue, sagt der Suitier, findet sich die Unfähigkeit zur Untreue zur Tugend erhoben.

[1286] Müßte endlich mal neue Wandsprüche verkaufen. Statt: üb immer Treu und Eigner Herd, mal: Wie die Stimme so die Frau . . . Oder: Scheiden nicht meiden. Wer liebt, der stiehlt. Liebe lügt, die Wahrheit sagt Haß. Der rechte Mann sollt sich nit schämen dem Weib das Blatt vom Leib, doch auch das Blatt vom Mund zu nehmen. Was man nicht sieht, das hat man nicht und was man hat, das sieht man nicht. Scheibe. Dann können auch die alten Sprüche bleiben. Lügen haben schöne lange Beine . . . aber immerhin, Neugier ist der beste Koch, wer im September keine nimmt, der nimmt sich keine mehr, eine Dünne am Abend, non possumus, aufgeben ist seliger denn nehmen . . .

[1287] *Traurige Geschichte*
Ein Mensch, der schon geraume Zeit
Geübt hat Treu und Redlichkeit
Glaubt gern (wir hättens auch gedacht),
Daß Übung noch den Meister macht.
Jedoch bemerken wir betrübt,
Der Mensch hat nicht genug geübt,
Und kaum, daß er daneben tappt,
Hat ihn das Schicksal schon geschnappt
Und läßt sich gleich mit voller Wucht aus:
Der Mensch, der arme, kommt ins Zuchthaus.
Ein Unmensch übt, voll niedrer Schläue,
Nur Lumperei anstatt der Treue
Und bringt es hier, aus eigner Kraft,
Zu ungeahnter Meisterschaft.
Und siehe da, ihm geht nichts krumm:
Er läuft noch heute frei herum.

[1288] Üb immer redlich Morden

TRINKEN

[1289] *Ein friesisches Sprichwort*
Ich tränke gern,
Und genug ist da,
Doch es ist fern,
Sprach die Gans, als sie in den Brunnen sah.

TROPFEN

[1290] So kann ohne Übertreibung gesagt werden, daß das alte römische Sprichwort „gutta cavat lapidem non vi sed saepe cadendo“ ohne die Wassermusik von Georg Friedrich Händel nie die moderne Fassung von „Stete Werbung erhöht den Umsatz“ gefunden hätte.

[1291] Steter Tropfen höhlt die Leber.

[1292] Wohltaten: Tropfen auf den heißen Stein – aber lassen wir sie tropfen.

Steter
Tr pfen
höhlt
die
Leber

TRÜBE

[1293] Sie sehn die Flut den Schlamm vom Grund auf mischen,
Und jeder zittert selbst vor der Gefahr,
Sie alle möchten gern das Wasser klar,
Doch vorher noch im trüben fischen.

[1294] Tiefe und Trübe. – Das Publikum verwechselt leicht den, welcher im Trüben fischt, mit dem, welcher aus der Tiefe schöpft.

[1295] wer im trüben fischt muß klarsehn.

[1296] Die Schweiz ein Wasserschloß. Die Fabriken fischen im Trüben.

TRÜBSAL

[1297] Wussten Sie schon, dass nicht alles Trübsal ist, was bläst?

TÜR

[1298] Man kehrt nur dann vor fremder Bewußtseinsschwelle, wenn man's zuhause schmutzig hat.

[1299] Es muß ja jeder zuerst vor seiner eigenen Tür kehren. Gut – kehren wir. Sie als der Ältere und als mein Gast haben den Vortritt. Fangen Sie vor der Ihren an. Vor meiner Tür hat sowieso schon die Gestapo gekehrt, wie Sie wissen dürften. Und die kehrt anders rum. Den Dreck ins Haus.

[1300] seht er kehrt vor seiner Tür – und drinnen?

[1301] Verhältnisse: jeder kehre vor seiner eigenen Tür. Sofern er eine hat.

[1302] Wussten Sie schon, dass auch Schreiner nicht mit der Tür ins Haus fallen sollten?

[1303] Wer offene Türen einrennt, braucht nicht zu fürchten, daß ihm die Fenster eingeschlagen werden.

Tuten

[1304] Wer nie beschwipst am Steuer saß, hat von Tuten und Blasen keine Ahnung.

U

Übung

[1305] Übung macht den Meister. Aber je nachdem! Der eine gewinnt an Sittlichkeit und damit sich selbst; dem andern aber geht's bald zu leicht, er verliert sich an Virtuosität und Zynismus.

Umsonst

[1306] „Umsonst ist nur der Tod", sagte der Beerdigungsunternehmer zu der Witwe, bevor er ihr seine Rechnung schickte.

Undank

[1307] Undank ist der Sünder Lohn.

[1308] „Undank ist der Welt Lohn", sagte der Lebensretter, als die Frau ihn bei der Mund-zu-Mund-Beatmung biß.

[1309] Undank ist der einzige Lohn, bei dem nicht ständig eine Erhöhung verlangt wird.

Unglück

[1310] Ein Schweißfuß kommt selten allein.

[1311] „Ein Unglück kommt selten allein", sagte der Kapitän, als sein brennendes Schiff unterging.

[1312] Ein Scheck kommt selten allein.

[1313] Eine Pilskrone bleibt selten allein!

[1314] Ein Clown kommt selten allein.

[1315] Schönheit kommt selten allein.

[1316] Ein Erfolg kommt selten allein.

UNGNADE

[1317] „Er ist in Ungnade gefallen", ist ein Lieblingsausdruck der Deutschen; ein Beweis, daß diejenigen, die so reden, nicht unter der Ägide der Vernunft stehen.

UNKRAUT

[1318] „Unkraut vergeht nicht", sagte der Gärtner, als er nicht ins Gras biß.

UNVERHOFFT

[1319] *Unverhofft kummt offt.*
Es kummt offt über Nacht, was sonst kam kaum auffs Jahr;
Es brachte heut ein Kind, die gestern Braut noch war.

[1320] „Unverhofft kommt oft", sagte der Vertreter für Babywäsche zu der Frau, die zum vierzehnten Male guter Hoffnung war.

URTEIL

[1321] Alle Urteile sind Vorurteile.

V

VATER

[1322] Laß dir von einem alten Hasen raten: Kanzler werden ist nicht schwer, Kanzler sein dagegen sehr!

[1323] Bomben bauen ist nicht (mehr) schwer –
Atommacht werden dagegen sehr.

[1324] Medizinischer Sinnspruch: Was den Vätern alte Hosen, sind den Söhnen die Neurosen.

VERÄNDERN

[1325] Hier verändert sich nichts, dachte Lenin und verließ Zürich.

VERBALLHORNEN

[1326] Und „verballhornen" bedeute, jemandem sozusagen verbal Hörner aufsetzen.

VERFLIXT

[1327] „Verflixt und zugenäht", sagte der Chirurg, als er merkte, daß er im Bauch des Operierten ein Skalpell vergessen hatte.

VERFOLGEN

[1328] „Ich darf verfolgen, wen ich will", sagte der Polizist. „Das ist der Beweis vollkommener Freiheit."

VERGÄNGLICH

[1329] Die nivellierende Redensart „alles ist vergänglich" nivelliert gar nichts. Schaum ist vergänglich wie die Rose, die hohe Gestalt vergeht wie die nichtige, aber nur jene zeitigt den Schmerz der Vergänglichkeit, ihre Erkenntnis.

VERPULVERN

[1330] Die Welt wird sich einmal wundern, daß sie kein Geld mehr hat. So geht's jedem, der es verpulvert.

VERSAMMELN

[1331] „Wo zwei versammelt sind in meinem Namen, da bin ich mitten unter ihnen!" sagte Christus, aber nicht Christus allein.

VERSPRECHEN

[1332] „Versprechen und halten ist zweierlei“, sagte der Torwart, als er den Schuß entgegen seinem Versprechen durchließ.

[1333] „Versprochen ist versprochen“, sagte der Fernsehintendant zur Ansagerin.

VERSTEHEN

[1334] Verstehen Sie mich? fragen die Leute, die nichts zu sagen haben.

[1335] Was man nicht versteht, besitzt man nicht.

VERWANDTSCHAFT

[1336] Verwandtschaft geht vor Feindschaft.

VERZEIHUNG

[1337] Höflichkeit. Verzeihung, sagte er zum Stein, der ihn traf.

VIEL

[1338] Gedränge ist ungesund.

VISUM

[1339] „Mein Visum ist da!“ rief die Schnecke und nahm ihr Haus mit.

VOGEL

[1340] Man erkennt nicht jeden Vogel am Gefieder. Die Gans zum Beispiel hat seidenweiche Daunen.

VOGEL-STRAUSS-POLITIK

[1341] Vogelstraußpolitik ist nicht immer ganz von Übel. Ich erfahre es oft in den Kämpfen meiner Seele, in denen ich zugrunde gehen müßte, wenn ich nicht einen vorübergehenden Frieden auf Vogelstraußmanier mitunter erzwänge.

VORAUSSETZUNG

[1342] „Ihnen fehlen ja alle Voraussetzungen eines weiteren Wachstums“, sagte der Zwerg zum Riesen.

VORBEUGEN

[1343] Vorbeugen ist besser als fasten.

[1344] Vorbeugen ist besser als kämpfen.

VORSICHT

[1345] Vorsicht ist die Tochter der Überlegung, doch wächst sie leicht ihrer Mutter über den Kopf.

[1346] Ein Mann soll immer das tun, wozu er Lust hat. Nach meiner Ansicht. Wissen Sie, Vorsicht ist die Mutter des k. o.

[1347] Gedankenlosigkeit ist die Tochter der Herzlosigkeit.

[1348] Vorsicht ist die Tochter der Parteifunktion.

VORSORGE

[1349] Vorsorge ist besser als Fürsorge.

W

WAFFE

[1350] Alle Vorräte, an Getreide, Mehl, Zucker, Kaffee und so weiter, sind nacheinander gestreckt worden. Mit den Waffen wär's noch zu probieren.

WAGEN

[1351] „Frisch gewagt ist halb gewonnen.“ Daraus folgt: „Frisch gewagt ist auch halb verloren.“ Das kann nicht fehlen. Deswegen sagt man auch: „Wagen gewinnt, wagen verliert.“ Was muß also den Ausschlag geben? Prüfung, ob man die Kräfte habe zu dem, was man wagen will. Überlegung, wie es anzufangen sei, Benutzung der günstigen Zeit und Umstände, und hintennach, wenn man sein mutiges A gesagt hat, ein besonnenes B und sein bescheidenes C. Aber soviel muß wahr bleiben: Wenn etwas Gewagtes soll unternommen werden, und kann nicht anders sein, so ist ein frischer Mut zur Sache der Meister, und der muß dich durchreißen. Aber wenn du immer willst und fangst nie an oder du hast schon angefangen und es reut dich wieder, und willst, wie man sagt, auf dem trockenen Lande ertrinken, guter Freund, dann ist „schlecht gewagt ganz verloren“.

[1352] Frisch gedopt, ist halb gewonnen. Sportler-Weisheit.

[1353] Frisch gewagt – erst halb gewonnen.

[1354] Wer denkt gewinnt.

[1355] Wer nichts zum Wagen hat, kann auch nichts gewinnen.

[1356] Wer nichts wagt, gewinnt.

[1357] Wer wogt, gewinnt! Miß Busen 1975.

WAHL

[1358] Wählt, auch wenn euch, vor die Wahl gestellt, die Wahl keine Wahl läßt.

[1359] Die Qual läßt mich nicht zur Wahl? Doch, ich wähle die Qual.

[1360] Die Fessel vermindert die Möglichkeiten. Sie enthebt auch der Qual der Wahl.

[1361] Daß Wahl zur Qual wird, ist bekannt.
Doch quengle nicht als Querulant!

[1362] Wer die Wahl hat, hat auch das Vergnügen!

[1363] Die Qual der Wahl.

[1364] Qual nach der Wahl.

[1365] „Wer die Wahl hat, hat die Qual“, sagte der Mann und ging nicht ins Wahl- sondern ins Stammlokal.

[1366] Wahl ohne Qual!

[1367] Wer die Wahl hat, hat die Freude!

WAHRHEIT

[1368] Die Unsittlichkeit kommt an den Tag und wirkt dennoch nicht abschreckend.

[1369] Die Wahrheit muß nicht schön sein, die Schönheit muß nicht wahr sein.

WALD

[1370] . . . und sieht vor lauter verwalteten Wäldern kaum noch einen grünen Baum.

[1371] Wie man reinbläst, so klingt es heraus.

WAND

[1372] Wände sprechen Bände.

WASCHEN

[1373] Sich rein zu waschen verstehen. – Man muß lernen, aus unreinlichen Verhältnissen hervorzugehen und sich, wenn es nottut, auch mit schmutzigem Wasser waschen.

WASSER

[1374] . . . wächst das Rettende auch?
Wenn der Dichter wieder vom Tod spricht,
läuft der Gnädigen Frau und ihm im Mund
das Wasser wieder zusammen. Dann spülen sie's
mit Champagner da capo hinunter.

[1375] Mein Zukunftstraum is ins Wasser g'fallen, und selbst die anständigsten Ertrinkenden erlauben sich so Strohhalmanklammerungsversuche, die aber gleich wieder der solidesten Kirchhofruhe weichen.

[1376] Es macht sich niemand so leicht schmutzig wie der, der mit allen Wassern gewaschen ist.

Agfa Cassetten.
Wie man reinbläst, so klingt es heraus.
AGFA
STEREO-CHROM
Damit es auch in den höchsten Tönen originalgetreu klingt, hat die Agfa Stereo-Chrom Cassette eine feine Chrombeschichtung für außergewöhnliche Höhenaussteuerbarkeit und Transparenz. Für jeden Recorder gibt es die richtige Agfa-Cassette:
AGFA STEREO CHROM C60
CARAT
Agfa Carat für hochwertige Hifi-Geräte mit Fe/Cr-Umschaltung. Agfa Stereo-Chrom besonders für Geräte mit CrO_2-Umschaltung. Agfa Super Ferro Dynamic für hohe Dynamik bei allen Geräteklassen. Agfa Ferro Color für alle Standardgeräte.
Agfa Cassetten. Da kommt der Klang groß raus.
AGFA-GEVAERT

[1377] Gerade die schmutzigsten Geschäfte werden von Leuten gemacht, die mit allen Wassern gewaschen sind.

[1378] Stille Wasser sind tief; leere Brunnen auch.

[1379] Stille Wasser sind teuer.

[1380] Nur dunkle Wasser sind tief.

[1381] „Stille Wasser sind tief", sagte der Kapitän und war fassungslos, als sein Schiff auf Grund lief.

[1382] Wasser hat dennoch Balken.

[1383] „Wasser hat keine Balken"; darüber lächeln die Möwen, die Haie und die Piraten.

[1384] „Wasser hat keine Balken", sagte der Sägefisch und sägte lustlos im Seetang herum.

WEG

[1385] Zu viele Wege führen nach Rom, als daß jeder mit Grundsätzen gepflastert sein könnte.

[1386] Alle Wege führen nach Briesen.

[1387] Viele Wege führen ins Defizit.

[1388] Alle Wege führen nach Rom und drumherum.

[1389] In vielen Fällen wäre der gerade Weg der kürzeste – zum Verderben.

[1390] Wo kein Weg ist, ist immer noch ein Ziel.

WEHREN

[1391] Wer sich nicht wehrt, stirbt. Wer nicht stirbt, wird lebend begraben.

Weib

[1392] *Das Weib nennt man nach dem Manne*
Nach dem Manne heist das Weib; wie wird dann nun die genennet,
Die der Männer zwantzig hat, wol auch derer mehr noch kennet?

[1393] Das is a alte Wahrheit: über ein altes Weib geht nix als ein Mann, der ein altes Weib is!

Wein

[1394] *Die Warheit im Wein*
Warheit steckt in dir, o Wein!
Wie wil der denn scheltbar seyn,
Der die Warheit zu ergründen,
Sich beim Bacchus viel läst finden?

[1395] Die Wahrheit ist im Wein;
Das heißt: In unsern Tagen
Muß einer betrunken sein,
Um Lust zu haben, die Wahrheit zu sagen.

[1396] Im Schnaps ist mehr Wahrheit als im Weihwasser.

[1397] In aqua veritas.

[1398] In Vino Zuckerwasser.

[1399] In Kino Veritas.

[1400] Wie die Wahrheit in den Wein kam ... und auch die Lüge.

[1401] Im Wein liegt Wahrheit. Jedoch: Sie steht nicht auf dem Etikett.

[1402] Der Philister berauscht sich an dem reinen Wein, den er dem Mädchen über seine Vermögensverhältnisse einschenkt.

[1403] Luther sagt bekanntlich:
Wer nicht liebt Wein, und Weiber und Gesang,
Der bleibt ein Narr sein Leben lang.

Doch muß man hierbei nicht vergessen hinzu [zu] setzen:
Doch ist, daß er ein Freund von Weibern, Sang und Krug ist,
Noch kein Beweis, daß er deswegen klug ist.

[1404] Bist Du von Wein, Weib und Gesang lahm,
So rat ich Dir eins: tu langsam!

[1405] Wein, Weib und Gewinn.

WEISHEIT

[1406] *Irrtum*
Dorsch Weisheit bin
ich jung gebliwwe
secht de Greis
so jung aach widder net
secht sei Bump
un bleibt schdehje

WEIZEN

[1407] amerikanischer druckfehler: die spreu vom weißen sondern.

WELT

[1408] *Der Winter*
Wer sagt, die Welt sey falsch? Hierzu gehört Beweis;
Sie ist Cristallen-rein und meistens ietzund weiß.

[1409] Die Welt ist groß. Die Welt ist klein. Das alles ist Unsinn.
Woran abgemessen soll sie denn groß oder klein sein?

[1410] „Die Welt ist klein", sagte die Schwiegermutter der Schwägerin zu ihrem Goldfisch im Glase.

[1411] Die Welt ist reich und wohlberaten,
Nur zäume nicht das Pferd am Schwanz,
Wolle die Nachtigall nicht braten
Und nicht singen lehren die Gans.

URLAUB IN BAHNLAND
Wenn schon Auto, denn schon Bahn.
PS haben wir mehr.
Schnell genug sind wir auch.
Was haben Sie dagegen,
wenn wir Sie einladen zum
guten Essen und Trinken –
und bequem dem Urlaubs-
ziel entgegenzuschlafen?
Das ist die Urlaubsdevise '73.
Viele Autos auf der Straße geben eine Schlange.
Viele Autos auf der Bahn, einen Autoreisezug.
Es führen viele Autowege in den Urlaub.
Dieser ist schnell und sicher und bequem.
Der Autoreisezug
DB

[1412] Die Welt ist schon rund, aber jeder muß sie von neuem umsegeln und wenige kommen herum.

[1413] *Philosophischer Disput*
Ein Mensch verteidigt mit viel List:
Die Welt scheint anders, als sie ist!
Sein Gegner aber streng verneint:
Die Welt ist anders, als sie scheint.

Wenn

[1414] Wenn schon Auto, denn schon Bahn.

Werk

[1415] *Selbstrezensenten*
Ehmals lobte das Werk den Meister; in unseren Tagen
Ist es anders, denn jetzt lobet der Meister das Werk.

Weste

[1416] Ich möchte bloß wissen, wieso seine Weste so rein ist. – Weil er sie damals nicht angehabt hat.

Wider

[1417] Wer nicht für mich ist, ist Kommunist.

Wie

[1418] „Wie du mir, so ich dir", sagte der Arzt und streckte dem Patienten die Zunge heraus.

Wille

[1419] Wo ein Wille ist, ist auch ein Abweg.

[1420] Wo ein Wille, da ist auch ein Gebüsch.

[1421] Wo ein Wille ist, da ist ein Weg, und wo kein Wille ist, da ist auch einer.

[1422] Wo ein Wille ist, ist auch ein Mann.

Wo ein Sachs ist, ist auch ein Weg.
Wenn ein Sachs-Motor den Antrieb liefert, werden die ungewöhnlichsten Wege befahrbar. Das gilt keineswegs nur für die neue Sportmotoren-Generation von Sachs, die aus 125, 175, 250 oder 350 ccm die Literleistung von Formel-I-Triebwerken herausholt: bis zu 180 PS in der Serie. Diese Hochleistungs-Sportler mit dem charakteristischen Fächerkopf-Kühlsystem, mit Magnesium-Gehäuse, Elektronik-Zündung und 7-Gang-Getriebe
für optimale Nutzung des hohen Drehmoments sind beispielhaft für die ausgereifte Entwicklungsarbeit, die jeden Sachs-Motor so robust und zuverlässig macht.
Zwei Räder und ein Sachs dazwischen – im Mofa, Moped oder Motorrad: Das eröffnet neue Wege. Und neue Erfahrungen von Kraft und Unverwüstlichkeit.
SACHS
Fichtel & Sachs.
Die Erfinder AG.
SACHS
Fichtel & Sachs AG
Ernst-Sachs-Straße 62 · 8720 Schweinfurt

[1423] Wo ein Mazda ist, ist auch ein Weg.

[1424] Wo ein Sachs ist, ist auch ein Weg.

WIND

[1425] A Stund' Elend mehr verschlafen, is ja ein offenbarer Profit, den der Arme nicht so in' Wind schlagen soll.

[1426] Nichts ist verloren, solang man es nicht in den Wind schlägt.

[1427] Als sie ihm den Scheiterhaufen unter den Füßen anzündeten, merkte er endlich, woher der Wind weht.

[1428] Ich kenne Menschen, die ihre Stellung nur durch Windmachen ausfüllen. Und es genügt.

[1429] Mit dem Wind, den man selber macht, lassen sich die Segel nicht füllen.

WISSEN (SUBST.)

[1430] Wissen ist nicht nur Macht, Wissen ist auch Freude, und zum Kulturwert wird es erst, wenn es als eine Welt erlebt wird, die ihre Bestimmung in sich selber trägt.

[1431] Bildung ist heute Werkzeug. „Wissen ist Macht" war die adventistische Parole dafür.

[1432] *Wissen ist Macht*
Ein Mensch, der dummerweis gedacht,
*Mit*wissen erst sei wirklich Macht,
Hat zu beweisen nichts vermocht
Und wurde deshalb eingelocht.
Von Stund an nicht mehr klatschbeflissen,
Beschloß er, nie mehr was zu wissen.

WISSEN (VERB)

[1433] „Ach, wissen Sie", sagte die Filmschauspielerin Mia-Mia, „ich bin ein so natürlicher Mensch". – Wäre sie das, hätte sie's nicht gesagt.

Luxaflex.
Denn was Ihr Nachbar nicht weiß, macht ihn nicht heiß.
Dennoch bleibt er nicht unberührt.
Denn was er zu sehen bekommt, ist aufregend genug. Eine Luxaflex-Jalousie. Es gibt sie in 23 verschiedenen Farben, von denen eine schöner ist als die andere.
Sie schützt Ihren Nachbarn zwar vor dem Blaßwerden. (Weil er nichts sieht, was er nicht sehen soll.) Doch vor allem schützt sie Ihre Einrichtung vor dem Ausbleichen, weil sie den unersättlichen Farbenhunger der Sonne stoppt.
Falls nun Ihr Nachbar in seiner Neugier nicht zu bremsen ist, empfehlen sich Grün oder Blau. Sie wirken beruhigend und abkühlend.
Doch welche Farben auch immer: Schließen Sie die Jalousie ein wenig, bevor Sie sich Ihrem Mittagsschläfchen widmen.
Luxaflex
Luxaflex-Jalousien stellen alles in den Schatten.

[1434] Sei stets beflissen
Zu wissen;
Mich macht nur, was ich weiß,
Nicht heiß.

[1435] Was ich weiß, macht mir nicht heiß.

[1436] Was die Frau nicht weiss, macht den Mann nicht heiss!

[1437] Denn was Ihr Nachbar nicht weiß, macht ihn nicht heiß.

WOLF

[1438] Der Wolf im Schafpelze ist weniger gefährlich als das Schaf in irgendeinem Pelze, wo man es für mehr als für einen Schöps nimmt.

[1439] Ein Wolf im Wolfspelz. Ein Filou, unter dem Vorwand es zu sein.

[1440] *Anpassung*
Merr kann als Wolf
im Schafsbelz so lang rumlaafe
bis merr aafängt
am Grasfresse Geschmack ze finne

Wenn merr erst
den warme Belz zu schätze waaß
lernt merr aach des Blöke
un des sich Runnerducke

Aabasse un Grasfresse
denkt merr noch als Wolf
die ersde Kneddel awwer
scheißt merr schon als Schaf

[1441] Man muß mit den Wölfen heulen. Das heißt: Wenn man zu unvernünftigen Leuten kommt, muß man auch unvernünftig tun wie sie. Merke: Nein! Sondern erstlich, du sollst dich nicht unter die Wölfe mischen, sondern ihnen aus dem Wege gehen. Zweitens, wenn du ihnen nicht entweichen kannst, so sollst du sagen: Ich bin ein Mensch und kein Wolf. Ich kann nicht so schön heulen wie ihr. Drittens: Wenn du meinst, es sei nimmer anders von ihnen loszukommen, so will der Hausfreund erlauben, ein oder zweimal mitzubellen, aber du sollst nicht mit ihnen beißen und andrer Leute Schafe fressen. Sonst kommt zuletzt der Jäger und du wirst mit ihnen geschossen.

[1442] Wer sich gezwungen sieht, mit den Wölfen zu heulen, mag sich in reinster Notwehr befinden. Aber ist das ein Grund, hinterher auch mit den Schafen zu blöken?

[1443] *Fabel*
Die Wölfe sagten:
„Man muß
Mit den Schafen blöken"

(Aber als sie blökten
Klang es
Wie heulen)

WOLKE

[1444] die menschen entpuppen sich, und gott fällt aus allen wolken.

[1445] Wussten Sie schon, dass auch ein U-Boot-Fahrer aus allen Wolken fallen kann?

WOLLEN

[1446] Was du andern zufügst, das fügst du dir zu.

[1447] Ein wohlverstehender sozialer Geist verbietet, was das Recht des andern kränkt. Ein mißverstehender Individualismus sagt: Was du nicht willst, daß dir geschieht, das darfst du dir auch selbst nicht zufügen.

[1448] Was sie nicht will, dass ich ihr tu', das füg' ich einer andern zu.

[1449] Was du nicht willst, das man dir tu, das tu auch nicht – was willst du denn?

[1450] Eigen Fleisch und Blut. – Was willst du, sagt einer, der sein Kind verprügelt, zu einem andern, der ihm in den Arm fällt: ich übe doch nur Selbstkritik.

[1451] Wer nicht will, der wird gewollt.

[1452] Wer net will der hat schon?
Wer schon hat der will noch mehr.

WORT

[1453] Das Wort ist mächtiger als der es spricht.

[1454] Der Gedanke forderte die Sprache heraus. Ein Wort gab das andere.

[1455] Ein Gast bringt den andern.

[1456] Ein Blick gab den andern.

[1457] Ein Abschied wiederholt den anderen.

[1458] Ein Irrtum gibt den anderen.

[1459] Wenn man sehr viel Worte gemacht hat, verliert man das Gefühl dafür, wie viel sie den anderen bedeuten. Da erst beginnt die eigentliche Schlechtigkeit des Wortmenschen.

WURM

[1460] Auch der Wurm krümmt sich, wenn er getreten wird. Wenn er aber von einem Wachmann getreten wird, begeht er öffentliche Gewalttätigkeit.

WURZEL

[1461] Was nicht in die Wurzel geht, geht nicht in die Krone.

X

[1462] Den Leuten ein X für ein U vormachen – wo ist die Zeitung, die diesen Druckfehler zugibt?

Z

Zahn

[1463] *Der Sanftmütige*
Ich mag nicht länger drüber schweigen,
weil ihr es immer noch nicht wißt:
Es hat keinen Sinn mir die Zähne zu zeigen.
Ich bin gar kein Dentist!

[1464] An Ihrer Stadt frißt SO_2
Nicht der Zahn der Zeit.

Zaunpfahl

[1465] Mit'm Zaunpfahl würd's nicht genügen, es müßt schon ein ganzer Mast sein.

Zeit

[1466] Andere Zeiten erfordern neue Sitten, Gewohnheiten, Methoden und Höchstleistungen an List. Die Ratschläge der Alten sind unmodern gewordene Regenschirme. Sie stehen im Schrank und verstauben.

[1467] Die gute alte Zeit ist eine rückwärts datierte Utopie.

[1468] So ändern sich nicht nur die Zeiten, sondern vor allem die ZEIT!

[1469] . . . wie sich Zeiten und Zeitungen doch ändern.

[1470] „Die Zeit ist mir in die Kiepe gestiegen", sagte Knackstert; da war er alt geworden.

[1471] Es ist ja gut, daß die Zeit vergeht; sonst kämen wir nicht zur Ewigkeit.

[1472] „Die Zeit vergeht, das Licht verbrennt, und das alte Weib stirbt immer noch nicht", heißt es im Volke. Eine inhumane Redensart, denn jeder wird alt, und keiner will sterben. Also: Die Zeit scheint zu vergehen, die Weisheit nimmt ein paar Milligramm zu.

[1473] Gesparte Zeit ist gewonnenes Geld.

[1474] Kommt Zeit, kommt Rad!

[1475] Gute Uhren sollten mit der Zeit gehen.

[1476] „Mit der Zeit kommt man weit", sagte der Segler in der Flaute und blies mit vollen Backen.

[1477] Spare jederzeit, dann hast du immer Not.

[1478] Spare in der Not, dann hast Du Zeit dazu!

[1479] Wer Zeit hat, der ist schon überlegen.

[1480] Zeit für eine Pfeifenlänge – zu lang für Nichtraucher.

[1481] Zeit heilt Wunden. Musik heilt Wunden. Glaube heilt Wunden. Kunst heilt Wunden. Besonders Liebe heilt Wunden!

[1482] Zeit teilt, eilt, heilt! . . . Schnaps heizt, reizt, beizt!

[1483] . . . zumal die Zeit nichts, aber auch gar nichts heilt.

[1484] *Zeit heilt*
Zwei Grundrezepte kennt die Welt:
Zeit heilt und, zweitens, Zeit ist Geld.
Mit Zeit, zuvor in Geld verwandelt,
Ward mancher Fall schon behandelt.
Doch ist auch der nicht übel dran,
Der Geld in Zeit verwandeln kann
Und, nicht von Wirtschaftsnot bewegt,

Kommt Zeit, kommt Rad!

Wir möchten Ihnen Gelegenheit geben, sich mit einem Phänomen unserer Zeit zu beschäftigen. Mit dem Motorrad.
Wir sind neugierig zu erfahren, was der ZEIT-Leser darüber denkt.
Wenn Sie sich nicht fürchten, womöglich zum Motorradfahren verführt zu werden, denken Sie mit!

Wie denken Sie am Ende des Sommers'74 über Motorradfahrer?

○ Es muß etwas daran sein. Denn es waren mehr unterwegs als je zuvor.
○ Ich habe sie (manchmal) ein wenig beneidet.
○ Ich betrachte Motorradfahren als Sport wie Segeln, Reiten oder Fliegen.
○ Das Motorradfahren sollte verboten werden.

Wie, meinen Sie, werden Motorräder heute eingesetzt?

○ Als Transportmittel.
○ Als Hobby.
○ Als Statussymbol für Karrieretypen.

Wer sind die Leute, die schwere Motorräder fahren?

○ Führungskräfte aus der Industrie.
○ Freie Berufe: Ärzte, Ingenieure, Architekten usw.
○ Beamte.
○ Arbeiter.
○ Angestellte.
○ Schüler und Studenten.

Was könnte Sie reizen, im nächsten Sommer Motorrad zu fahren?

○ Der Gewinn an sportlichem Ansehen.
○ Das Gefühl der Freiheit, Unabhängigkeit.
○ Der Reiz des technischen Spielzeugs.
○ Die einzigartige Beweglichkeit im Berufs- und Ausflugsverkehr.
○ Die Freude am Fahren.

Welche Motorrad-Marken kennen Sie?

○ Kawasaki	○ Yamaha	○ Triumph
○ Honda	○ Moto Guzzi	○ BSA
○ Suzuki	○ BMW	○ Benelli
○ Laverda	○ Norton	○ Münch
○ MV Agusta	○ Ural	○ Ducati
○ Harley-Davidson		

Wie beurteilen Sie Motorradfahrer? Sie sind:

○ Gesellig	○ Einzelgänger
○ Kameradschaftlich	○ Unzugänglich
○ Individuell veranlagt	○ Technisch interessiert
○ Waghalsig	
○ Naturliebend	

Was könnte Sie hindern, eines Tages Motorrad zu fahren?

○ Die fehlenden Mittel.
○ Die fehlende Zeit.
○ Der fehlende Führerschein der Klasse I.
○ Das fehlende Interesse.
○ Das Vorhandensein von Bedenken.
○ Nichts.

Woher würden Sie Ihre Informationen beziehen?

○ Aus Anzeigen.
○ Aus Prospekten.
○ Aus Gesprächen mit Händlern.
○ Aus Gesprächen mit Freunden.
○ Aus Fachzeitschriften.

Welche dieser Eigenschaften würden Sie BMW zuordnen?

○ Teuer	○ Preiswert
○ Technisch führend	○ Technisch veraltet
○ Modern im Styling	○ Überholt im Styling
○ Komfortables Fahrwerk	○ Hartes Fahrwerk
○ Zuverlässig	○ Unzuverlässig
○ Leise	○ Laut

Wie würde Ihre Umwelt reagieren, wenn Sie morgen mit einer BMW ankämen?

○ Mit Bewunderung.
○ Mit Kopfschütteln.
○ Mit Ablehnung.

Wenn Sie sich für BMW entscheiden würden, warum?

○ Ich schätze den Ruf der Marke.
○ Ich mag das Aussehen.
○ Ich glaube an die Technik.
○ Ich rechne mit Zuverlässigkeit und Lebensdauer.
○ Ich verlange einen Antrieb über Kardanwelle.
○ Ich fahre die gleiche Automarke.
○ Ich würde mich nicht für BMW entscheiden.
○ Trifft nicht zu.

Zum Schluß dürfen Sie Wünsche äußern

○ Sagen Sie mir, wie ich zum Führerschein Klasse I komme.
○ Schicken Sie mir Informationsmaterial über BMW Motorräder.
○ Lassen Sie mich in Ruhe!

Nun, kommt mit der nächsten Frühjahrs-Zeit das Rad? Auch wenn Sie überhaupt keinen Geschmack an zwei Rädern finden können, interessiert uns Ihre Meinung sehr. Bitte schicken Sie diesen Fragebogen (Mehrfachnennungen sind möglich) oder eine Fotokopie an

BMW MOTORRAD GMBH
8000 München 40
Postfach 400 360

Name ____________________

Alter ____________ Fam.-Stand ____________

Beruf ____________________

Wohnort ____________________

Straße ____________________

BMW – Freude am Fahren

Die Krankheit – und sich selber – pflegt.
Doch bringts dem Leiden höchste Huld,
Verwandelst Zeit du in Geduld!

[1485] Zeit ist Geld und Geld ist teuer.

[1486] Zeit isst Geld. Motto der Inflation.

[1487] Zeit ist Gold.

[1488] Zeit ist Geld, aber es hat keinen Sinn, sie zu sparen. Keine Bank wird sie für die späteren Jahre aufbewahren.

[1489] Zeit ist Geld? Das wurde anderswo entdeckt. Wir haben für solche Forschungen weder Zeit noch Geld.

ZEITLICHE (DAS)

[1490] *Bange Frage*
Ein Mensch, ungläubig und verrucht,
Dummdreist das Ewige verflucht.
Was aber wird ihm wohl begegnen,
Muß er das Zeitliche einst segnen?

ZUG

[1491] „Das ist der Zug der Zeit", sagte der Bahnhofsvorsteher, als der TEE-Zug mit Verspätung eintraf.

ZUNGE

[1492] die liebenden reden mit zungen.

ZWECK

[1493] Daß heilige der Zweck die Mittel, wird bestritten,
Wir aber müssen nur Scheinheiligkeit verbitten.
Der gute Zweck macht gut die Mittel, recht verstanden,
Weil wir nie guten Zweck durch schlechte Mittel fanden.

[1494] Am Fortschritt der Moral beteiligt,
Sind wir darüber einig nun,
Daß nicht der Zweck die Mittel heiligt;
Doch der Erfolg wird's ewig tun.

HÖRZU-MINI-POSTER
Zeit
isst
GELD
Motto der Inflation
Von Reinhard Gronwald

[1495] Mittel und Zweck. – In der Kunst heiligt der Zweck die Mittel nicht: aber heilige Mittel können hier den Zweck heiligen.

[1496] Er hat nie bedingungslos an den Satz geglaubt, daß der Zweck die Mittel heiligt, heute meint er beinahe, daß er nie richtig ist.

[1497] Das Mittel kann den Zweck entheiligen.

[1498] *Der Zweck und die Mittel*
Der Zweck, sagt ihr, heiligt die Mittel?
Das Dogma heiligt den Büttel?
Den Galgen? Den Kerkerkittel?
O schwarzumflortes Kapitel!
Fest steht trotz Schrecken und Schreck:
Die Mittel entheiligen den Zweck!

[1499] Der Scheck heiligt die Mittel.

[1500] Der Zweck heiligt die Mittel. Wirklich?

Quellen

1. Bertolt Brecht, Bd. 2, S. 629
2. Die Zeit, Nr. 4, 26. Januar 1971, S. 10
3. Gabriel Laub, S. 102
4. Friedrich Klinger, Bd. 7, S. 127
5. Johann Seume, S. 1352
6. Marie von Ebner-Eschenbach, S. 7
7. Eugen Roth, Genau besehen, S. 34
8. Helmut Arntzen, S. 9
9. Moritz Heimann, S. 94
10. Gerhart Hauptmann, Bd. 6, S. 1047
11. Johann Wolfgang von Goethe, VI, S. 252
12. Friedrich Rückert, Bd. 2, S. 288
13. Die Zeit, Nr. 16, 20. April 1971, S. 2
14. Stern, Nr. 16, 8. April 1976, S. 93
15. Hans Peter Keller, S. 33
16. Martin Walser, Halbzeit, S. 158
17. Die Zeit, Nr. 33, 17. August 1971, S. 15
18. Rolf Hochhuth, Lysistrate, S. 31
19. TV, Hören und Sehen, Nr. 23, 8.–14. Januar 1974, S. 33
20. Hörzu, Nr. 1, 4.–10. Januar 1975, S. 3
21. Stern, Nr. 41, 2. Oktober 1975, S. 229
22. Schweizer Illustrierte, Nr. 11, 11. März 1976, S. 64
23. Kurt Sigel, Gegenreden, S. 56
24. Heinrich Wiesner, Kehrseite, S. 12
25. Marie von Ebner-Eschenbach, S. 24
26. Friedrich Nietzsche, Bd. 1, S. 797
27. Thomas Mann, Zauberberg, S. 63
28. Hörzu, Nr. 7, 15.–21. Februar 1975, S. 3
29. Hörzu, Nr. 45, 6.–12. November 1976, S. 3
30. Anon., XII, S. 7
31. Martin Kessel, S. 22
32. Raoul Hausmann, VIII, S. 273
33. Rolf Hochhuth, Lysistrate, S. 23
34. Hörzu, Nr. 9, 4.–10. März 1978, S. 35
35. Locus Vivendi Witzkalender, 17.–23. Juli 1978
36. Schweizer Illustrierte, Nr. 52, 25. Dezember 1972, S. 85
37. Stern, Nr. 34, 14. August 1975, S. 73
38. Johann Nestroy, S. 25
39. Die Zeit, Nr. 37, 19. September 1972, S. 24
40. Stern, Nr. 21, 17. Mai 1973, S. 82
41. Stern, Nr. 28, 4. Juli 1974, S. 50
42. Johann Nestroy, S. 136
43. Peter Hille, S. 42
44. Gerd Wollschon, XIII, S. 143
45. Hans Peter Keller, S. 23
46. Elias Canetti, Aufzeichnungen, S. 37

47. Johann Nestroy, S. 26
48. Thomas Mann, Felix Krull, S. 98
49. Kurt Sigel, Gegenreden, S. 44
50. Martin Kessel, S. 125
51. Gabriel Laub, S. 78
52. Martin Kessel, S. 176
53. Carl Zuckmayer, Des Teufels General, S. 85
54. Walter Kempowski, Im Block, S. 49–50; ders., Ein Kapitel für sich, S. 86
55. Bert Berkensträter, S. 29
56. Anon., III, keine Seitenangabe
57. Spiegel, Nr. 50, 5. Dezember 1977, S. 129
58. Hörzu, Nr. 31, 3.–9. August 1974, S. 73
59. Stern, Nr. 10, 1. März 1973, S. 88
60. Max Kalbeck, V, S. 255
61. Heinrich Wiesner, Kehrseite, S. 59
62. Stern, Nr. 7, 9. Februar 1978, S. 81
63. Friedrich Jünger, S. 104
64. Georg Lichtenberg, Bd. 1, S. 709
65. Martin Kessel, S. 17
66. Bert Berkensträter, S. 26
67. Ludwig Fulda, VI, S. 74
68. Helmut Arntzen, S. 31
69. Marie von Ebner-Eschenbach, S. 29
70. Heinrich Wiesner, Lakonische Zeilen, S. 30
71. Stern, Nr. 43, 18. Oktober 1973, S. 144
72. Eberhard zur Nieden, S. 100
73. Hermann Kant, Die Aula, S. 50
74. Elias Canetti, Provinz, S. 192
75. Helmut Arntzen, S. 15
76. Martin Kessel, S. 65
77. Martin Kessel, S. 14
78. Helmut Arntzen, S. 53
79. Gabriel Laub, S. 17
80. Hörzu, Nr. 49, 3.–9. Dezember 1977, S. 3
81. Oskar Cöster, S. 132
82. Locus Vivendi Witzkalender, 6.–12. März 1978
83. Dieter Höss, S. 27
84. Georg Lichtenberg, Bd. 1, S. 662
85. Gertrud von Le Fort, S. 55
86. Hörzu, Nr. 22, 1.–7. Juni 1974, S. 5
87. Bert Berkensträter, S. 7
88. Hans Kasper, Revolutionäre, S. 22
89. Kurt Sigel, Gegenreden, S. 51
90. Kurt Sigel, Gegenreden, S. 56
91. Wilhelm Busch, Bd. 5, S. 204
92. Marie von Ebner-Eschenbach, S. 55
93. Georg Lichtenberg, Bd. 1, S. 760
94. Schweizer Illustrierte, Nr. 30, 23. Juli 1973, S. 76
95. Stern, Nr. 38, 12. September 1974, S. 82
96. Die Zeit, Nr. 39, 26. September 1975, S. 4
97. Friedrich Jacobi, Bd. 6, S. 205
98. Friedrich Hebbel, Bd. 5, S. 237
99. Wilhelm Busch, Bd. 5, S. 205
100. Alfred Döblin, S. 172
101. Bertolt Brecht, Bd. 5, S. 2099
102. Stern, Nr. 37, 3. September 1972, S. 13
103. Rolf Hochhuth, Lysistrate, S. 53
104. Rolf Hochhuth, Lysistrate, S. 112
105. Hörzu, Nr. 17, 28. April–4. Mai 1973, S. 3
106. Quick, Nr. 22, 24. Mai 1973, S. 38
107. Schweizer Illustrierte, Nr. 1, 31. Dezember 1973, S. 77

108. Stern, Nr. 39, 19. September 1974, S. 90
109. Lübecker Nachrichten, 19. Oktober 1975
110. Spiegel, Nr. 20, 9. Mai 1977, S. 211
111. Gabriel Laub, S. 58
112. Gabriel Laub, S. 66
113. Kurt Sigel, Gegenreden, S. 34
114. Gabriel Laub, S. 78
115. Eugen Roth, Das Eugen Roth Buch, S. 55
116. Hans Peter Keller, S. 59
117. Schweizer Illustrierte, Nr. 36, 4. September 1972, S. 71
118. Stern, Nr. 26, 20. Juni 1973, S. 185
119. Stern, Nr. 10, 27. Februar 1975, S. 138
120. Zeit-Magazin, Nr. 45, 28. Oktober 1977, keine Seitenangabe
121. Quick, Nr. 7, 9. Februar 1978, S. 117
122. Johann Haug, V, S. 186
123. Stern, Nr. 26, 19. Juni 1975, S. 206
124. Ingrid, Nr. 3, 28. Februar 1977, S. 24–25
125. Heinrich Wiesner, Lakonische Zeilen, S. 34
126. Praline, Nr. 53, 27. Dezember 1972, S. 12
127. Bert Berkensträter, S. 18
128. Heinrich Wiesner, Lakonische Zeilen, S. 27
129. Oskar Cöster, S. 132
130. Kurt Tucholsky, Schnipsel, S. 60
131. Friedrich Hebbel, Bd. 4, S. 53
132. Hans Peter Keller, S. 62
133. Erich Kästner, Bd. 1, S. 259
134. Martin Walser, Einhorn, S. 197
135. Oskar Cöster, S. 132
136. Erwin Strittmatter, Wundertäter, Bd. 2, S. 201
137. Locus Vivendi Witzkalender, 16.–22. Januar 1978
138. Karl Kraus, Walpurgisnacht, S. 93
139. Martin Kessel, S. 175
140. Die Zeit, Nr. 10, 9. März 1971, S. 15
141. Die Zeit, Nr. 9, 27. Februar 1976, S. 1
142. Friedl Beutelrock, S. 40
143. Marie von Ebner-Eschenbach, S. 68
144. Hans Kudszus, S. 91
145. Kurt Sigel, Gegenreden, S. 46
146. Hörzu, Nr. 7, 15.–21. Februar 1975, S. 3
147. Kurt Sigel, Gegenreden, S. 43
148. Erwin Strittmatter, Wundertäter, Bd. 1, S. 81
149. Stern, Nr. 17, 18. April 1973, S. 98
150. Erich Brock, S. 7
151. Karl Kraus, Beim Wort genommen, S. 171
152. Eugen Roth, Ins Schwarze, S. 85
153. Ludwig Börne, Bd. 2, S. 193
154. Hans Kudszus, S. 42
155. Eberhard zur Nieden, S. 100
156. Martin Kessel, S. 22
157. Heinrich Wiesner, Lakonische Zeilen, S. 22
158. Bert Berkensträter, S. 9
159. Martin Kessel, S. 34
160. Spiegel, Nr. 32, 8. August 1973, S. 7
161. Stern, Nr. 20, 9. Mai 1974, S. 60–61
162. Stern, Nr. 34, 15. August 1974, S. 66
163. Karl Kraus, Walpurgisnacht, S. 178
164. Heinrich Wiesner, Lakonische Zeilen, S. 47

165. Johannes Bobrowski, Levins Mühle, S. 30
166. Stern, Nr. 38, 13. September 1973, S. 77
167. Friedrich Nietzsche, Bd. 1, S. 794–795
168. Hörzu, Nr. 22, 1.–7. Juni 1974, S. 5
169. Lübecker Nachrichten, 3. Juli 1974, S. 3
170. Wandsprüch'-Kalender, Januar 1975
171. Kurt Tucholsky, Schnipsel, S. 118
172. Erwin Strittmatter, Ole Bienkopp, S. 351
173. Walter Kempowski, Tadellöser & Wolff, S. 294
174. Rolf Hochhuth, Lysistrate, S. 130
175. Stern, Nr. 1, 28. Dezember 1977–4. Januar 1978, S. 69
176. Bert Berkensträter, S. 6
177. Bert Berkensträter, S. 16
178. Eberhard zur Nieden, S. 100
179. Stern, Nr. 7, 9. Februar 1978, S. 81
180. Erich Kästner, Bd. 1, S. 47
181. Marie von Ebner-Eschenbach, S. 10
182. Gabriel Laub, S. 58
183. Ferdinand Kürnberger, S. 34
184. Kurt Schwitters, Bd. 1, S. 171
185. Ingeborg Bachmann, Die gestundete Zeit, S. 14
186. Stern, Nr. 22, 24. Mai 1973, S. 187
187. Zeit-Magazin, Nr. 43, 18. Oktober 1974, S. 29
188. Neue Zürcher Zeitung, 7. Mai 1975, keine Seitenangabe
189. Anon., III, keine Seitenangabe
190. Die Zeit, Nr. 2, 7. Januar 1977, S. 10
191. Oskar Cöster, S. 132
192. Die Zeit, Nr. 14, 4. April 1975, S. 23
193. Friedrich-Christian Delius, IX, S. 34
194. Die Zeit, Nr. 7, 11. Februar 1977, S. 24
195. Die Zeit, Nr. 14, 4. April 1975, S. 23
196. Die Zeit, Nr. 14, 4. April 1975, S. 23
197. Johann Wolfgang von Goethe, Bd. 12, S. 523
198. Ernst Feuchtersleben, Bd. 3, S. 220–221
199. Kurt Brandt, I, keine Seitenangabe
200. Hörzu, Nr. 27, 6.–12. Juli 1974, S. 3
201. Peter Wilhelm Hensler, VI, S. 169
202. Alfred Döblin, S. 114
203. Die Zeit, Nr. 14, 4. April 1975, S. 23
204. Die Zeit, Nr. 10, 5. März 1976, S. 1
205. Martin Kessel, S. 127
206. Johann Peter Hebel, Bd. 2, S. 85
207. Hans Kudszus, S. 20
208. Stern, Nr. 11, 7. März 1974, S. 69
209. Karl Waggerl, Bd. 2, S. 645
210. Georg Kaiser, Bd. 4, S. 635
211. Erich Kästner, Bd. 1, S. 320
212. Hans Kudszus, S. 36
213. Schweizer Illustrierte, Nr. 44, 30. Oktober 1972, S. 140
214. Die Zeit, Nr. 8, 23. Februar 1971, S. 11
215. Martin Kessel, S. 8
216. Stern, Nr. 13, 17. März 1977, S. 84
217. Erich Kästner, Bd. 1, S. 340
218. Erich Kästner, Bd. 1, S. 340

219. Die Zeit, Nr. 35, 28. August 1971, S. 1
220. Die Zeit, Nr. 43, 26. Oktober 1971, S. 9
221. Hörzu, Nr. 12, 19. März 1973, S. 3
222. Spiegel, Nr. 17, 23. April 1973, S. 38
223. Stern, Nr. 37, 5. September 1974, S. 101
224. Die Zeit, Nr. 38, 20. September 1974, S. 23
225. Für Sie, Nr. 25, 29. November 1974, S. 94
226. Hörzu, Nr. 45, 9.–15. November 1975, S. 3
227. Spiegel, Nr. 48, 24. November 1975, S. 55
228. Hörzu, Nr. 49, 29. November–5. Dezember 1975, S. 37
229. Spiegel, Nr. 52, 22. Dezember 1975, S. 42–43
230. Hannoversche Allgemeine Zeitung, 18. März 1976, S. 2
231. Joachim Günther, S. 34
232. Wilhelm Busch, Bd. 5, S. 205
233. Friedrich Nietzsche, Bd. 1, S. 500
234. Hans Fallada, S. 169
235. Christa Wolf, S. 150
236. Dieter Leisegang, S. 86
237. Gabriel Laub, S. 81
238. Locus Vivendi Witzkalender, 17.–23. Mai 1976
239. Locus Vivendi Witzkalender, 26.–1. Dezember/Januar 1977
240. Ludwig Fulda, V, S. 260
241. Oskar Cöster, S. 132
242. Kurt Tucholsky, Schnipsel, S. 24
243. Kurt Sigel, Gegenreden, S. 44
244. Georg Lichtenberg, Bd. 1, S. 241
245. Locus Vivendi Witzkalender, 20.–26. März 1978
246. Stern, Nr. 15, 6. April 1978, S. 152
247. Johann Nestroy, S. 49
248. Hans Peter Keller, S. 12
249. Eugen Roth, Ins Schwarze, S. 39
250. Spiegel, Nr. 26, 26. Juni 1978, S. 6
251. Eugen Roth, Ernst und heiter, S. 130
252. Stern, Nr. 48, 17. November 1977, S. 15
253. Erwin Strittmatter, Ole Bienkopp, S. 231
254. M. Lang, VIII, S. 79
255. Dieter Leisegang, S. 83
256. Schweizer Illustrierte, Nr. 17, 22. April 1974, S. 140
257. Friedrich Rückert, Bd. 5, S. 95
258. Eugen Roth, Ins Schwarze, S. 21
259. Spiegel, Nr. 44, 27. Oktober 1969, S. 187
260. Karl Hoche, S. 15
261. Praline, Nr. 53, 27. Dezember 1972, S. 12
262. Stern, Nr. 9, 21. Februar 1974, S. 74
263. Hörzu, Nr. 51, 20.–26. Dezember 1975, S. 127
264. Stern, Nr. 50, 2. Dezember 1976, S. 209
265. Stern, Nr. 45, 2. November 1978, S. 184
266. Richard Schaukal, Jahrhundertwende, S. 279
267. Heinrich Wiesner, Kehrseite, S. 23
268. Stern, Nr. 46, 9. November 1978, S. 148
269. Karl Kraus, Beim Wort genommen, S. 51
270. Hermann Kant, Die Aula, S. 283

271. Die Zeit, Nr. 37, 14. September 1971, S. 2
272. Die Zeit, Nr. 50, 14. Dezember 1971, S. 15
273. Hörzu, Nr. 23, 8.–14. Juni 1974, S. 5
274. Hans Kasper, Abel, S. 11
275. Martin Kessel, S. 22
276. Die Zeit, Nr. 1/2, 10. Januar 1975, S. 5
277. Friedrich Klinger, Bd. 8, S. 56
278. Gerd Wollschon, XIII, S. 156
279. Rolf Hochhuth, Lysistrate, S. 114
280. Rolf Hochhuth, Lysistrate, S. 143
281. Günter Grass, Blechtrommel, S. 680
282. Die Zeit, Nr. 12, 23. März 1971, S. 1
283. Martin Kessel, S. 57
284. Gerhart Hauptmann, Bd. 6, S. 1048
285. Hermann Kant, Südsee, S. 54
286. Stern, Nr. 26, 20. Juni 1973, S. 139
287. Die Zeit, Nr. 49, 6. Dezember 1974, S. 18
288. Schweizer Illustrierte, Nr. 51, 16. Dezember 1974, S. 4
289. Eduard Mörike, Bd. 1, S. 232
290. Johann Seume, S. 1345
291. Friedrich Logau, S. 490
292. Friedrich Jacobi, Bd. 6, S. 182
293. Martin Kessel, S. 8
294. Ludwig Börne, Bd. 1, S. 150
295. Locus Vivendi Witzkalender, 5.–11. Juni 1978
296. Eberhard zur Nieden, S. 100
297. Heinrich Wiesner, Kehrseite, S. 9
298. Die Zeit, Nr. 44, 2. November 1971, S. 20
299. Carl Emge, S. 96
300. Heinrich Wiesner, Lakonische Zeilen, S. 42
301. Gustav Radbruch, S. 111
302. Hans Kasper, S. 101
303. Georg Kaiser, Bd. 4, S. 634
304. Schweizer Illustrierte, Nr. 43, 21. Oktober 1974, S. 48
305. Oskar Cöster, S. 132
306. Karl Kraus, Beim Wort genommen, S. 171
307. Stern, Nr. 18, 26. April 1973, S. 90
308. Georg Lichtenberg, Bd. 1, S. 429
309. Friedrich Nietzsche, Bd. 1, S. 768
310. Friedrich Nietzsche, Bd. 1, S. 1183
311. Olaf Gulbransson, Heiteres, S. 130
312. Hermann Schweppenhäuser, S. 97
313. Schweizer Illustrierte, Nr. 37, 11. September 1972, S. 71
314. Stern, Nr. 39, 18. September 1975, S. 91
315. Hörzu, Nr. 45, 9.–15. November 1975, S. 3
316. Martin Kessel, S. 25
317. Stern, Nr. 36, 30. August 1973, S. 75
318. Die Zeit, Nr. 3, 17. Januar 1975, S. 23
319. Erich Kästner, Bd. 1, S. 319
320. Spiegel, Nr. 10, 6. März 1978, S. 173
321. Die Zeit, Nr. 25, 22. Juni 1971, S. 1
322. Carl Zuckmayer, Rattenfänger, S. 40
323. Die Zeit, Nr. 48, 25. November 1977, S. 23
324. Hans Kasper, Abel, S. 120
325. Spiegel, Nr. 41, 4. Oktober 1976, S. 139
326. Karl Kraus, Beim Wort genommen, S. 192

327. Zeit-Magazin, Nr. 37, 7. September 1973, S. 7
328. Schweizer Illustrierte, Nr. 41, 7. Oktober 1974, S. 125
329. Bert Berkensträter, S. 24
330. Karl Kraus, Beim Wort genommen, S. 447
331. Rudolph Presber, VI, S. 235
332. Gabriel Laub, S. 100
333. Die Zeit, Nr. 12, 23. März 1973, S. 2
334. Hans Kudszus, S. 20
335. Stern, Nr. 44, 24. Oktober 1974, S. 110
336. Erwin Strittmatter, Wundertäter, Bd. 1, S. 273
337. Heinrich Wiesner, Lakonische Zeilen, S. 39
338. Heinrich Wiesner, Lakonische Zeilen, S. 11
339. Hans Kudszus, S. 28
340. Dieter Höss, S. 71
341. Hermann Schweppenhäuser, S. 177
342. Max Frisch, S. 76
343. Gabriele Wohmann, I, keine Seitenangabe
344. Wandsprüch'-Kalender, August 1974
345. Die Zeit, Nr. 36, 7. September 1971, S. 10
346. Hörzu, Nr. 2, 12.–18. Januar 1974, S. 3
347. Anon., XII, S. 7
348. Marie von Ebner-Eschenbach, S. 10
349. Hermann Schweppenhäuser, S. 11
350. Karl Heinrich Waggerl, Bd. 2, S. 641
351. Karl Waggerl, Bd. 2, S. 651
352. Die Zeit, Nr. 24, 15. Juni 1971, S. 2
353. Heinrich Wiesner, Kehrseite, S. 25
354. Die Zeit, Nr. 35, 5. September 1972, S. 7
355. Stern, Nr. 4, 19. Januar 1978, S. 7
356. Erwin Strittmatter, Tinko, S. 380
357. Johannes Bobrowski, Klaviere, S. 34, 38, 55, 122, 123
358. Kay Hoff, I, keine Seitenangabe
359. Quick, Nr. 39, 21. September 1978, S. 42
360. Friedrich Rückert, Bd. 5, S. 277
361. Erich Kästner, Bd. 1, S. 323
362. Carl Zuckmayer, Des Teufels General, S. 45
363. Bertolt Brecht, Bd. 3, S. 907
364. Stern, Nr. 22, 24. Mai 1973, S. 112
365. Die Zeit, Nr. 7, 15. Februar 1974, S. 23
366. Neue Illustrierte Revue, Nr. 41, 6. Oktober 1975, S. 40–41
367. Spiegel, Nr. 47, 17. November 1975, S. 43
368. Alfred Döblin, S. 74
369. Friedrich Hebbel, Bd. 4, S. 722
370. Friedrich Hebbel, Bd. 6, S. 340
371. Stern, Nr. 49, 29. November 1973, S. 134
372. Hans Kudszus, S. 19
373. Eduard von Bauernfeld, V, S. 227
374. Karl Waggerl, Bd. 2, S. 646
375. Gert Loschütz, S. 53
376. Oskar Cöster, S. 132
377. Ignaz Castelli, VI, S. 173
378. Hans Kudszus, S. 29
379. Kurt Sigel, Feuer, S. 23; ders., Gegenreden, S. 58
380. Johann Seume, S. 1382
381. Friedrich Hebbel, Bd. 4, S. 63

382. Friedrich Nietzsche, Bd. 1, S. 1004
383. Emil Gött, S. 77
384. Die Zeit, Nr. 4, 26. Januar 1971, S. 13
385. Die Zeit, Nr. 32, 10. August 1971, S. 24
386. Die Zeit, Nr. 3, 17. Januar 1975, S. 23
387. Heinrich Heine, Bd. 4, S. 717
388. Heinrich Böll, S. 204
389. Kurt Tucholsky, Schnipsel, S. 114
390. Spiegel, Nr. 11, 11. März 1974, S. 41
391. Marie von Ebner-Eschenbach, S. 53
392. Richard Schaukal, Erlebte Gedanken, S. 248
393. Erich Kästner, Bd. 1, S. 44
394. Kurt Tucholsky, Schnipsel, S. 130
395. Rolf Hochhuth, Stellvertreter, S. 184
396. Christian Morgenstern, S. 482
397. Eugen Roth, Ins Schwarze, S. 39
398. Wilhelm Busch, Bd. 5, S. 205
399. Karl Kraus, Beim Wort genommen, S. 157
400. Bert Berkensträter, S. 25
401. Gerhart Hauptmann, Bd. 6, S. 1007
402. Richard Schaukal, Jahrhundertwende, S. 272
403. Helmut Arntzen, S. 11
404. Hans Kudszus, S. 38
405. Eugen Roth, Ins Schwarze, S. 82
406. Karl Gutzkow, Bd. 4, S. 75
407. Karl Kraus, Beim Wort genommen, S. 155
408. Ernst Feuchtersleben, Bd. 2, S. 195
409. Julius Stettenheim, VI, S. 103
410. Karl Kraus, Beim Wort genommen, S. 57
411. Carl Zuckmayer, Des Teufels General, S. 56
412. Carl Zuckmayer, Des Teufels General, S. 56
413. Hans Kasper, Abel, S. 121
414. Günter Grass, Hundejahre, S. 466
415. Eugen Roth, Das Eugen Roth Buch, S. 28
416. Reiner Uthoff, XIII, S. 77
417. Kurt Sigel, Gegenreden, S. 44
418. Oskar Cöster, S. 132
419. Willy Brandt, S. 136
420. Alfred Döblin, S. 191
421. Dieter Höss, S. 92
422. Kurt Sigel, Kannibalisches, S. 134
423. Kurt Sigel, Gegenreden, S. 43
424. Martin Kessel, S. 112
425. Friedrich Hebbel, Bd. 6, S. 444
426. Wilhelm Busch, Bd. 5, S. 207
427. Martin Kessel, S. 23
428. Hans Kasper, Revolutionäre, S. 11
429. Schweizer Illustrierte, Nr. 16, 16. April 1974, S. 117
430. Elias Canetti, Provinz des Menschen, S. 294
431. Kurt Bartsch, S. 64
432. Eugen Roth, Ernst und heiter, S. 129
433. Stern, Nr. 38, 12. September 1974, S. 158
434. Emil Gött, S. 157
435. Locus Vivendi Witzkalender, 30. August – 5. September 1976
436. Stern, Nr. 18, 26. April 1973, S. 90
437. Praline, Nr. 4, 24. Januar 1973, S. 40
438. Hörzu, Nr. 19, 13.–19. Mai 1978, S. 3

439. Johann Wolfgang von Goethe, Bd. 12, S. 391
440. Hermann Schweppenhäuser, S. 106
441. Stern, Nr. 4, 16. Januar 1976, S. 43
442. Georg Lichtenberg, Bd. 1, S. 670
443. Georg Lichtenberg, Bd. 1, S. 486
444. Johann Nestroy, S. 85
445. Bert Berkensträter, S. 19
446. Kurt Tucholsky, Bd. 1, S. 290
447. Eugen Roth, Ernst und heiter, S. 27
448. Die Zeit, Nr. 26, 29. Juni 1971, S. 24
449. Kurt Sigel, Gegenreden, S. 74
450. Bert Berkensträter, S. 11
451. Die Zeit, Nr. 44, 2. November 1971, S. 20
452. Stern, Nr. 18, 25. April 1974, S. 74
453. Bert Berkensträter, S. 29
454. Eduard von Bauernfeld, V, S. 227
455. Arthur Schnitzler, S. 282
456. Karl Kraus, Beim Wort genommen, S. 344
457. Schweizer Illustrierte, Nr. 46, 13. November 1972, S. 140
458. Hörzu, Nr. 43, 26. Oktober – 1. November 1974, S. 3
459. Quick, Nr. 41, 2. Oktober 1975, S. 83
460. Kurt Sigel, Gegenreden, S. 28
461. Schweizer Illustrierte, Nr. 50, 11. Dezember 1972, S. 125
462. Die Zeit, Nr. 19, 12. Mai 1978, S. 4
463. Gerhart Hauptmann, Bd. 6, S. 1010
464. Bunte Illustrierte, Nr. 13, 22. März 1978, S. 186
465. Marie von Ebner-Eschenbach, S. 66
466. Richard Schaukal, Jahrhundertwende, S. 278
467. Hörzu, Nr. 53, 30. Dezember 1972–5. Januar 1973, S. 43
468. Hörzu, Nr. 31, 3.–9. August 1974, S. 51
469. Brigitte, Nr. 13, 20. Juni 1975, S. 48
470. Martin Walser, Halbzeit, S. 446
471. Stern, Nr. 13, 23. März 1978, S. 158
472. Georg Lichtenberg, Bd. 1, S. 810
473. Johann Nestroy, S. 76
474. Heinrich Heine, Bd. 4, S. 740
475. Johann Nestroy, S. 88
476. Johann Nestroy, S. 88
477. Wilhelm Busch, Bd. 5, S. 205
478. Kurt Tucholsky, Schnipsel, S. 61
479. Hans Kasper, Abel, S. 61
480. Heinrich Wiesner, Lakonische Zeilen, S. 29
481. Helmut Arntzen, S. 20
482. Heinrich Wiesner, Kehrseite, S. 43
483. Wilhelm Busch, Bd. 5, S. 206
484. Wilhelm Busch, Bd. 5, S. 198
485. Karl Kraus, Beim Wort genommen, S. 283
486. Stern, Nr. 35, 21. August 1975, S. 43
487. Marie von Ebner-Eschenbach, S. 19
488. Kurt Sigel, Lieder & Anschläge, S. 42; ders., Feuer, S. 14
489. Hörzu, Nr. 16, 19.–25. April 1975, S. 3
490. Spiegel, Nr. 32, 2. August 1976, S. 75
491. Lübecker Nachrichten, 6. August 1978, S. 22
492. Stern, Nr. 36, 31. August 1978, S. 76

493. Bertolt Brecht, Bd. 5, S. 2099
494. Friedrich Logau, S. 500
495. Bert Berkensträter, S. 21
496. Schweizer Illustrierte, Nr. 50, 10. Dezember 1973, S. 117
497. Bert Berkensträter, S. 19
498. Richard Schaukal, Jahrhundertwende, S. 275
499. Paul Heyse, V, S. 246
500. Heinrich Wiesner, Kehrseite, S. 37
501. Praline, Nr. 28, 7. Juli 1975, S. 16
502. Marie von Ebner-Eschenbach, S. 62
503. Heinrich Wiesner, Kehrseite, S. 64
504. Karl Gutzkow, Bd. 4, S. 96
505. Karl Kraus, Beim Wort genommen, S. 156
506. Karl Hoche, S. 63
507. Bert Berkensträter, S. 32
508. Die Zeit, Nr. 33, 17. August 1973, S. 15
509. Hörzu, Nr. 45, 8.–14. November 1975, S. 3
510. Erwin Strittmatter, Tinko, S. 318
511. Walter Kempowski, Uns geht's ja noch gold, S. 356
512. Die Zeit, Nr. 49, 6. Dezember 1974, S. 9
513. Die Zeit, Nr. 28, 8. Juli 1977, S. 7
514. Gabriel Laub, S. 17
515. Kurt Tucholsky, Schnipsel, S. 55
516. Hans Kasper, Abel, S. 117
517. Helmut Arntzen, S. 45
518. Hansgeorg Stengel, II, S. 249
519. Lui, Nr. 12, Dezember 1977, S. 112–113
520. Karl Kraus, Beim Wort genommen, S. 16
521. Hans Kudszus, S. 53
522. Die Zeit, Nr. 14, 5. April 1974, S. 16
523. Joachim Günther, S. 11
524. Hörzu, Nr. 17, 29. April–5. Mai 1978, S. 3
525. Martin Walser, Der Sturz, S. 224
526. Martin Kessel, S. 103
527. Eugen Roth, Genau besehen, S. 28
528. Johann Peter Hebel, Bd. 3, S. 68
529. Richard Schaukal, Jahrhundertwende, S. 273
530. Spiegel, Nr. 42, 9. Oktober 1972, S. 180
531. Stern, Nr. 12, 14. März 1974, S. 130
532. Freundin, Nr. 13, 10. Juni 1976, S. 67
533. Praline, Nr. 47, 16. November 1972, S. 45
534. Locus Vivendi Witzkalender, 26. April–2. Mai 1976
535. Kurt Sigel, Gegenreden, S. 46
536. Erich Kästner, Bd. 1, S. 241
537. Hans Peter Keller, S. 56
538. Kurt Sigel, Lieder & Anschläge, S. 45; ders., Feuer, S. 43
539. Hans Kudszus, S. 28
540. Heinrich Wiesner, Kehrseite, S. 67
541. Die Zeit, Nr. 51, 20. Dezember 1974, S. 13
542. Kurt Sigel, Gegenreden, S. 29
543. Hans Peter Keller, S. 31
544. Schweizer Illustrierte, Nr. 52, 24. Dezember 1973, S. 4
545. Hörzu, Nr. 16, 19.–25. April 1975, S. 3
546. Gabriel Laub, S. 105
547. Die Zeit, Nr. 20, 18. Mai 1971, S. 5
548. Eugen Roth, Genau besehen, S. 38

549. Friedrich Logau, S. 34
550. Bertolt Brecht, Bd. 12, S. 477
551. Frau, Nr. 20, 1. Oktober 1971, S. 121
552. Hörzu, Nr. 45, 9.–15. November 1975, S. 3
553. Hörzu, Nr. 17, 29. April–5. Mai 1978, S. 3
554. Bert Berkensträter, S. 14
555. Kurt Sigel, Gegenreden, S. 44
556. Johann Seume, S. 1363
557. Ludwig Börne, Bd. 2, S. 286
558. Eduard von Bauernfeld, VI, S. 78
559. Gabriel Laub, S. 82
560. Heinrich Wiesner, Lakonische Zeilen, S. 17
561. Friedrich Logau, S. 107
562. Georg Lichtenberg, Bd. 2, S. 149
563. Gerhart Hauptmann, Bd. 6, S. 1001
564. Karl Kraus, Beim Wort genommen, S. 300
565. Carl Haensel, X, S. 85
566. Carl Emge, S. 106
567. Frau, Nr. 8, 14. April 1972, S. 75
568. Spiegel, Nr. 41, 4. Oktober 1976, S. 197
569. Hörzu, Nr. 10, 5.–11. März 1977, S. 3
570. Gerhart Hauptmann, Bd. 6, S. 1001
571. Stern, Nr. 43, 16. Oktober 1975, S. 67
572. Die Zeit, Nr. 49, 7. Dezember 1973, S. 20
573. Dieter Höss, S. 77
574. Die Zeit, Nr. 4, 23. Januar 1976, S. 15
575. Wilhelm Busch, Bd. 5, S. 200
576. Hans Kudszus, S. 100
577. Stern, Nr. 6, 31. Januar 1974, S. 76
578. Bert Berkensträter, S. 15
579. Stern, Nr. 32, 1. August 1974, S. 67
580. Locus Vivendi Witzkalender, 30. August – 5. September 1976
581. Joachim Günther, S. 73
582. Praline, Nr. 28, 7. Juli 1975, S. 16
583. Gerhart Hauptmann, Bd. 6, S. 996
584. Erich Kästner, Bd. 1, S. 223
585. Christian Morgenstern, S. 502
586. Martin Kessel, S. 14
587. Bert Berkensträter, S. 21
588. Martin Walser, Der Sturz, S. 347
589. Friedrich Klinger, Bd. 7, S. 74
590. Johann Wolfgang von Goethe, Bd. 12, S. 523
591. Joachim Günther, S. 100
592. Heinrich Wiesner, Kehrseite, S. 51
593. Gabriel Laub, S. 13
594. Martin Kessel, S. 129
595. Elias Canetti, Provinz des Menschen, S. 11
596. Oskar Cöster, S. 132
597. Martin Kessel, S. 250
598. Gabriel Laub, S. 94
599. Eduard von Bauernfeld, VI, S. 49
600. Karl Kraus, Beim Wort genommen, S. 42
601. Hörzu, Nr. 10, 5.–11. März 1977, S. 3
602. Oswald Spengler, X, S. 104
603. Karl Kraus, Beim Wort genommen, S. 191
604. Eugen Roth, Ins Schwarze, S. 111
605. Johann Wolfgang von Goethe, Bd. 12, S. 521
606. Marie von Ebner-Eschenbach, S. 10

607. Emil Gött, S. 116
608. Stern, Nr. 18, 24. April 1975, S. 88
609. Die Zeit, Nr. 38, 20. September 1974, S. 23
610. Kurt Sigel, Gegenreden, S. 45
611. Bert Berkensträter, S. 16
612. Hörzu, Nr. 47, 23.–29. November 1974, S. 3
613. Johann Nestroy, S. 133
614. Karl Kraus, Beim Wort genommen, S. 308
615. Friedrich Logau, S. 514
616. Friedrich Hebbel, Bd. 5, S. 402
617. Thomas Mann, Felix Krull, S. 182
618. Friedl Beutelrock, S. 40
619. Hörzu, Nr. 52, 23.–29. Dezember 1972, S. 62
620. Stern, Nr. 17, 18. April 1973, S. 16
621. Stern, Nr. 15, 4. April 1974, S. 129
622. Buch der Zeit, Heft 2, 1974, S. 12
623. Kurt Sigel, Gegenreden, S. 17
624. Locus Vivendi Witzkalender, 24.–30. April 1978
625. Friedrich Nietzsche, Bd. 2, S. 19
626. Hans Kudszus, S. 19
627. Friedrich Hebbel, Bd. 5, S. 406
628. Marie von Ebner-Eschenbach, S. 9
629. Paul Heyse, VI, S. 94
630. Karl Kraus, Beim Wort genommen, S. 169
631. Hans Kasper, Abel, S. 53
632. Hans Kudszus, S. 59
633. Hans Kudszus, S. 89
634. Dieter Höss, S. 92
635. Die Zeit, Nr. 23, 8. Juni 1971, S. 11
636. Praline, Nr. 3, 17. Januar 1973, S. 12
637. Die Welt, Nr. 20, 24. Januar 1975, S. 10
638. Die Welt, Nr. 157, 10. Juli 1975, S. 1
639. Hörzu, Nr. 31, 2.–8. August 1975, S. 3
640. Die Zeit, Nr. 31, 30. Juli 1976, S. 9
641. Friedrich Nietzsche, Bd. 1, S. 763
642. Eugen Roth, Das Eugen Roth Buch, S. 24
643. Hans Kudszus, S. 19
644. Stern, Nr. 2, 4. Januar 1973, S. 45
645. Die Zeit, Nr. 10, 9. März 1973, S. 1
646. Oskar Cöster, S. 132
647. Joachim Günther, S. 86
648. Fanz Grillparzer, Bd. 3, S. 246
649. Friedrich Nietzsche, Bd. 1, S. 816
650. Erich Kästner, VI, S. 95
651. Hans Peter Keller, S. 61
652. Eberhard zur Nieden, S. 100
653. Spiegel, Nr. 28, 11. Juli 1962, S. 12
654. Bert Berkensträter, S. 32
655. Bert Berkensträter, S. 12
656. Heinrich Wiesner, Kehrseite, S. 38
657. Wandsprüch'-Kalender, 17.–23. Februar 1975
658. Gabriel Laub, S. 17
659. Friedrich Jünger, S. 21
660. Karl Kraus, Beim Wort genommen, S. 86
661. Eugen Roth, Ins Schwarze, S. 45
662. Wilhelm Busch, Bd. 5, S. 197
663. Helmut Arntzen, S. 61
664. Hans Kudszus, S. 37

665. Hans Kudszus, S. 55
666. Bert Berkensträter, S. 20
667. Marie von Ebner-Eschenbach, S. 58
668. Schweizer Illustrierte, Nr. 23, 5. Juni 1972, S. 87
669. Stern, Nr. 46, 8. November 1973, S. 144
670. Die Zeit, Nr. 30, 26. Juli 1974, S. 23
671. Elias Canetti, Aufzeichnungen, S. 50
672. Spiegel, Nr. 12, 14. März 1977, S. 199
673. Johann Nestroy, S. 61
674. Stern, Nr. 35, 21. August 1975, S. 2
675. Hans Peter Keller, S. 36
676. Hans Arndt, S. 191
677. Hans Kudszus, S. 35
678. Dieter Leisegang, S. 36
679. Kurt Sigel, Gegenreden, S. 75
680. Bert Berkensträter, S. 17
681. Gerhart Hauptmann, Bd. 6, S. 1048
682. Erwin Strittmatter, Wundertäter, Bd. 2, S. 41
683. Hans Peter Keller, S. 42
684. Hans Kasper, Abel, S. 77
685. Eugen Roth, Ins Schwarze, S. 9
686. Die Zeit, Nr. 45, 14. November 1972, S. 2
687. Hörzu, Nr. 52, 23.–29. Dezember 1972, S. 3
688. Die Zeit, Nr. 1, 4. Januar 1974, S. 1
689. Erwin Strittmatter, Tinko, S. 339
690. Ernst von Feuchtersleben, VI, S. 252
691. Hermann Kant, Die Aula, S. 142
692. Stern, Nr. 11, 8. März 1973, S. 86
693. Anon., III, keine Seitenangabe
694. Spiegel, Nr. 9, 27. Februar 1978, S. 95
695. Erich Kästner, Bd. 1, S. 66
696. Spiegel, Nr. 14, 2. April 1973, S. 2
697. Hörzu, Nr. 33, 16.–22. August 1975, S. 3
698. Joachim Günther, S. 82
699. Martin Walser, Grund zur Freude, Nr. 88
700. Gabriel Laub, S. 30
701. Martin Kessel, S. 137
702. Bert Berkensträter, S. 25
703. Richard Schaukal, Erlebte Gedanken, S. 231
704. Franz Mon, IX, S. 173
705. Martin Kessel, S. 143; Wandsprüch'-Kalender, 15.–21. April 1974
706. Hans Peter Keller, S. 23
707. Hans Kudszus, S. 19
708. Kurt Sigel, Gegenreden, S. 46
709. Alfred Döblin, S. 215
710. Spiegel, Nr. 21, 17. Mai 1961, S. 13
711. Siegfried Lenz, Deutschstunde, S. 145
712. Frau, Nr. 2, 21. Januar 1972, S. 48
713. Die Zeit, Nr. 39, 3. Oktober 1972, S. 8
714. Lübecker Nachrichten, 9. November 1975, keine Seitenangabe
715. Bert Berkensträter, S. 16
716. Erwin Strittmatter, Ole Bienkopp, S. 210
717. Erwin Strittmatter, Wundertäter, Bd. 1, S. 53
718. Erwin Strittmatter, Wundertäter, Bd. 2, S. 95
719. Bertolt Brecht, Bd. 5, S. 1966
720. Schweizer Illustrierte, Nr. 6, 3. Februar 1975, S. 85

721. Kurt Tucholsky, Bd. 1, S. 103
722. Schweizer Illustrierte, Nr. 36, 4. September 1972, S. 71
723. Hans Kudszus, S. 59
724. Karl Kraus, Beim Wort genommen, S. 435
725. Ludwig Börne, Bd. 1, S. 147
726. Friedrich Hebbel, Bd. 4, S. 473
727. Erwin Strittmatter, Ole Bienkopp, S. 181
728. Gabriel Laub, S. 63
729. Die Zeit, Nr. 1/2, 10. Januar 1975, S. 17
730. Kurt Tucholsky, Bd. 2, S. 536
731. Spiegel, Nr. 52, 20. Dezember 1971, S. 2
732. Stern, Nr. 6, 31. Januar 1974, S. 83
733. Stern, Nr. 15, 4. April 1974, S. 115
734. Stern, Nr. 21, 16. Mai 1974, S. 217
735. Buch aktuell, Heft 3, 1974, S. 6
736. Buch der Zeit, Heft 7, Juli 1974, S. 3
737. Stern, Nr. 16, 27. April 1977, S. 76
738. Johann Nestroy, S. 91
739. Karl Kraus, Beim Wort genommen, S. 178
740. Rudolf Rolfs, I, keine Seitenangabe
741. Johann Nestroy, S. 91
742. Karl Kaus, Beim Wort genommen, S. 227
743. Eugen Roth, Ins Schwarze, S. 38
744. Stern, Nr. 16, 8. April 1976, S. 92
745. Bert Berkensträter, S. 17
746. Spiegel, Nr. 24, 7. Juni 1976, S. 176
747. Stern, Nr. 33, 8. August 1974, S. 71
748. Hörzu, Nr. 49, 7.–13. Dezember 1974, S. 3
749. Hörzu, Nr. 37, 13.–19. September 1975, S. 3
750. Hans Kasper, Abel, S. 87
751. Eugen Roth, Das Eugen Roth Buch, S. 52
752. Eugen Roth, Ins Schwarze, S. 12
753. Bert Berkensträter, S. 26
754. Oskar Cöster, S. 132
755. Anon., XII, S. 7
756. Stern, Nr. 24, 6. Juni 1974, S. 84
757. Hörzu, Nr. 36, 6.–12. September 1975, S. 59
758. Erwin Strittmatter, Ole Bienkopp, S. 15
759. Erwin Strittmatter, Ole Bienkopp, S. 146
760. Erwin Strittmatter, Ole Bienkopp, S. 156
761. Friedrich Jünger, S. 83
762. Schweizer Illustrierte, Nr. 5, 27. Januar 1975, S. 30
763. Spiegel, Nr. 24, 7. Juni 1976, hintere Umschlagseite
764. Für Sie, Nr. 26, 8. Dezember 1977, S. 112
765. Oskar Cöster, S. 132
766. Friedrich Logau, S. 179
767. Friedrich Nietzsche, Bd. 1, S. 705
768. Locus Vivendi Witzkalender, 17.–23. Mai 1976
769. Eugen Roth, Ernst und heiter, S. 133
770. Bertolt Brecht, Bd. 5, S. 2099
771. Ignaz Castelli, V, S. 200
772. Ludwig Börne, Bd. 2, S. 262
773. Friedrich Hebbel, Bd. 4, S. 145
774. Arthur Schnitzler, S. 47
775. Georg Kaiser, Bd. 4, S. 634
776. Karl Kraus, Beim Wort genommen, S. 57

777. Martin Kessel, S. 45
778. Hans Peter Keller, S. 38
779. Karl Waggerl, Bd. 2, S. 644
780. Karl Waggerl, Bd. 2, S. 644
781. Die Zeit, Nr. 4, 27. Januar 1978, S. 22
782. Locus Vivendi Witzkalender, 24.–30. April 1978
783. Gerhart Hauptmann, Bd. 6, S. 1046
784. Arthur Schnitzler, S. 69
785. Carl Zuckmayer, Schinderhannes, S. 117
786. Olaf Gulbransson, Sprüche, keine Seitenangabe
787. Peter Rühmkorf, S. 154
788. Walter Kempowski, Tadellöser & Wolff, S. 270
789. Hörzu, Nr. 42, 14.–20. Oktober 1972, S. 3
790. Die Zeit, Nr. 45, 14. November 1972, S. 2
791. Bild-Zeitung, 6. Dezember 1972, S. 2
792. Praline, Nr. 1, 3. Januar 1973, S. 12
793. Die Zeit, Nr. 50, 14. Dezember 1973, S. 2
794. Wandsprüch'-Kalender, 6.–12. Mai 1974
795. Stern, Nr. 20, 19. Mai 1974, S. 110
796. Hörzu, Nr. 26, 29. Juni–5. Juli 1974, S. 3
797. Wandsprüch'-Kalender, 30. Dezember 1974 – 5. Januar 1975
798. Die Zeit, Nr. 4, 24. Januar 1975, S. 10
799. Locus Vivendi Witzkalender, 24.–30. November 1975
800. Hörzu, Nr. 11, 13.–19. März 1976, S. 3
801. Hörzu, Nr. 26, 25. Juni – 1. Juli 1977, S. 3
802. Neue Revue, Nr. 5, 30. Januar 1978, S. 3
803. Locus Vivendi Witzkalender, 6.–12. Februar 1978
804. Locus Vivendi Witzkalender, 13.–19. Februar 1978
805. Locus Vivendi Witzkalender, 17.–23. April 1978
806. Gustav Radbruch, S. 93
807. Hörzu, Nr. 16, 19.–25. April 1975, S. 3
808. Schweizer Illustrierte, Nr. 29., 15. Juli 1974, S. 69
809. Bert Berkensträter, S. 15
810. Hermann Schweppenhäuser, S. 108
811. Bert Berkensträter, S. 19
812. Heinrich Wiesner, Kehrseite, S. 32
813. Georg Lichtenberg, Bd. 1, S. 510
814. Bert Berkensträter, S. 28
815. Kurt Schwitters, Bd. 1, S. 170
816. Karl Kraus, Beim Wort genommen, S. 444
817. Hans Kudszus, S. 21
818. Kurt Brandt, I, keine Seitenangabe
819. Hörzu, Nr. 10, 7.–13. März 1974, S. 3
820. Die Zeit, Nr. 24, 14. Juni 1974, S. 2
821. Aufbau, 25. März 1977, S. 32
822. Oskar Cöster, S. 132
823. Neue Revue, Nr. 9, 27. Februar 1978, S. 45
824. Kurt Sigel, Gegenreden, S. 43
825. Die Zeit, Nr. 32, 10. August 1971, S. 24
826. Erwin Strittmatter, Ole Bienkopp, S. 272
827. Schweizer Illustrierte, Nr. 36, 4. September 1972, S. 18–19
828. Gustav Radbruch, S. 15
829. M. Lang, VIII, S. 80

830. Marie von Ebner-Eschenbach, S. 24
831. Friedrich Klinger, Bd. 8, S. 116
832. Karl Kraus, Worte in Versen, S. 131
833. Karl Kraus, Walpurgisnacht, S. 155
834. Emil Gött, S. 138
835. Praline, Nr. 28, 7. Juli 1975, S. 16
836. Johann Seume, S. 1343
837. Erwin Strittmatter, Ole Bienkopp, S. 105
838. Karl Kraus, Beim Wort genommen, S. 14
839. Marie von Ebner-Eschenbach, S. 46
840. Karl Kraus, Beim Wort genommen, S. 50
841. Kurt Sigel, Gegenreden, S. 83
842. Johann Jacobi, VI, S. 232
843. Karl Kraus, Beim Wort genommen, S. 443
844. Schweizer Illustrierte, Nr. 49, 2. Dezember 1974, S. 117
845. Heinrich Wiesner, Kehrseite, S. 77
846. Eberhard zur Nieden, S. 100
847. Richard Schaukal, Jahrhundertwende, S. 277
848. Emil Gött, S. 149
849. Hermann Schweppenhäuser, S. 69
850. Heinrich Wiesner, Kehrseite, S. 34
851. Karl Gutzkow, Bd. 4, S. 96
852. Richard Schaukal, Jahrhundertwende, S. 273
853. August Langbein, VI, S. 27
854. Emil Gött, S. 108
855. Stern, Nr. 23, 30. Mai 1974, S. 121
856. Die Zeit, Nr. 17, 25. April 1975, S. 23
857. Oskar Cöster, S. 132
858. Locus Vivendi Witzkalender, 6.–12. März 1978
859. Spiegel, Nr. 32, 7. August 1978, S. 66
860. Die Zeit, Nr. 12, 19. März 1976, S. 22
861. Bert Berkensträter, S. 11
862. Hans Kasper, Abel, S. 113
863. Ludwig Börne, Bd. 2, S. 294
864. Karl Kraus, Beim Wort genommen, S. 62
865. Martin Walser, Einhorn, S. 186
866. Martin Walser, Einhorn, S. 244
867. Heinrich Wiesner, Kehrseite, S. 18
868. Friedrich Klinger, Bd. 7, S. 58
869. Friedrich Hebbel, Bd. 5, S. 27
870. Friedrich Hebbel, Bd. 4, S. 28
871. Stern, Nr. 42, 12. Oktober 1978, hintere Umschlagseite
872. Hans Kudszus, S. 75
873. Gabriel Laub, S. 28
874. Gabriel Laub, S. 87
875. Alfred Döblin, S. 157
876. Friedrich Nietzsche, Bd. 1, S. 637
877. Karl Kraus, Beim Wort genommen, S. 199
878. Eugen Roth, Ernst und heiter, S. 28
879. Max Frisch, S. 259
880. Erwin Strittmatter, Ole Bienkopp, S. 143
881. Emil Gött, S. 148
882. Hermann Kant, Impressum, S. 261
883. Helmut Arntzen, S. 10
884. Friedrich Logau, S. 149
885. Gerhart Hauptmann, Bd. 6, S. 1048
886. Karl Kraus, Beim Wort genommen, S. 124

887. Kurt Sigel, Lieder & Anschläge, S. 15
888. Stern, Nr. 20, 9. Mai 1974, S. 98
889. Stern, Nr. 26, 19. Juni 1975, S. 96
890. Karin Struck, Klassenliebe, S. 217
891. Johann Nestroy, S. 137
892. Bertolt Brecht, Bd. 8, S. 396
893. Siegfried von Vegesack, XI, S. 214
894. Carl Zuckmayer, Hauptmann von Köpenick, S. 25
895. Siegfried Lenz, Habichte, S. 106
896. Hermann Kant, Aula, S. 177
897. Eugen Roth, Ins Schwarze, S. 113
898. Hans Kudszus, S. 20
899. Spiegel, Nr. 21, 17. Mai 1971, S. 157
900. Spiegel, Nr. 5, 29. Januar 1973, S. 110–111
901. Hörzu, Nr. 24, 15.–21. Juni 1974, S. 132
902. Hamburger Abendblatt, 28./29. September 1974, S. 7
903. Hörzu, Nr. 40, 5.–11. Oktober 1974, S. 3
904. Neue Westfälische Zeitung, 25. März 1975, keine Seitenangabe
905. Stern, Nr. 35, 21. August 1975, S. 62
906. Locus Vivendi Witzkalender, 26. Juni–2. Juli 1978
907. Karl Kraus, Worte in Versen, S. 515
908. Eugen Roth, Ins Schwarze, S. 50
909. Hans Peter Keller, S. 62
910. Hans Peter Keller, S. 13
911. Hans Kasper, Revolutionäre, S. 96
912. Richard Schaukal, Erlebte Gedanken, S. 241
913. Richard Schaukal, Erlebte Gedanken, S. 270
914. Karl Gutzkow, Bd. 4, S. 41
915. Ludwig Börne, Bd. 2, S. 287
916. Johann Nestroy, S. 136
917. Friedrich Nietzsche, Bd. 2, S. 943
918. Richard Schaukal, Erlebte Gedanken, S. 288
919. Carl Zuckmayer, Hauptmann von Köpenick, S. 25
920. Helmut Arntzen, S. 48
921. Buchtitel: Dieter Hülsmanns und Friedolin Reske, Aller Lüste Anfang, Reinbek 1973
922. Wandsprüch'-Kalender, 30. September–6. Oktober 1974
923. Schweizer Illustrierte, Nr. 51, 16. Dezember 1974, S. 85
924. Locus Vivendi Witzkalender, 19.–25. Juni 1978
925. Bert Berkensträter, S. 23
926. Stern, Nr. 9, 20. Februar 1975, S. 41
927. Karl Kraus, Beim Wort genommen, S. 33
928. Schweizer Illustrierte, Nr. 50, 11. Dezember 1972, S. 64–65
929. Die Zeit, Nr. 6, 6. Februar 1973, S. 23
930. Für Sie, Nr. 20, 15. September 1977, S. 46
931. Johann Wolfgang von Goethe, Bd. 12, S. 546
932. Friedrich Jünger, S. 103
933. Johann Seume, S. 1315
934. Johann Seume, S. 1304
935. Kurt Tucholsky, X, S. 276
936. Schweizer Illustrierte, Nr. 51, 16. Dezember 1974, S. 85
937. Heinrich Wiesner, Lakonische Zeilen, S. 33
938. Gabriel Laub, S. 88

939. Marie von Ebner-Eschenbach, S. 68
940. Johann Nestroy, S. 167
941. Kurt Sigel, Gegenreden, S. 71
942. Helmut Arntzen, S. 9
943. Martin Kessel, S. 132
944. M. Lang, VIII, S. 79
945. Friedrich Hebbel, Bd. 4, S. 419
946. Kurt Sigel, Gegenreden, S. 24
947. Stern, Nr. 27, 27. Juni 1974, S. 73
948. Friedrich Nietzsche, Bd. 1, S. 497
949. Martin Walser, Einhorn, S. 98
950. Erich Kästner, Bd. 1, S. 51
951. Martin Walser, Halbzeit, S. 8
952. Hans Kudszus, S. 20
953. Joachim Günther, S. 70
954. Martin Walser, Halbzeit, S. 582
955. Hermann Kant, Aula, S. 227
956. Hans Kudszus, S. 17
957. Stern, Nr. 39, 18. September 1975, S. 42
958. Oskar Cöster, S. 132
959. Martin Walser, Halbzeit, S. 120
960. Georg Lichtenberg, Bd. 1, S. 921
961. Georg Lichtenberg, Bd. 1, S. 924
962. Erwin Strittmatter, Ole Bienkopp, S. 101
963. P. G. Hübsch, I, keine Seitenangabe
964. Karl Kraus, Beim Wort genommen, S. 291
965. Hans Peter Keller, S. 18
966. Bert Berkensträter, S. 22
967. Moritz Heimann, Bd. 3, S. 97
968. Hans Kudszus, S. 74
969. M. Lang, VIII, S. 80
970. Heinrich Heine, Bd. 4, S. 747
971. Hans Kasper, Revolutionäre, S. 35
972. Die Zeit, Nr. 4, 25. Januar 1974, S. 23
973. Kurt Sigel, Gegenreden, S. 43
974. Karl Kraus, Beim Wort genommen, S. 287
975. Kurt Tucholsky, Bd. 2, S. 328
976. Erwin Strittmatter, Ole Bienkopp, S. 251
977. Erwin Strittmatter, Wundertäter, Bd. 1, S. 276
978. Martin Walser, Einhorn, S. 78
979. Erwin Strittmatter, Ole Bienkopp, S. 113
980. Anon., III, keine Seitenangabe
981. Johann Nestroy, S. 146
982. Oscar Blumenthal, V, S. 257
983. Stern, Nr. 41, 3. Oktober 1974, S. 85
984. Martin Kessel, S. 114
985. Karl Waggerl, Bd. 2, S. 653
986. Bert Berkensträter, S. 26
987. Joachim Günther, S. 50
988. Locus Vivendi Witzkalender, 14.–20. Juni 1976
989. Gabriel Laub, S. 93
990. Kurt Sigel, Gegenreden, S. 65
991. Eugen Roth, Ernst und heiter, S. 19
992. Kurt Schwitters, Bd. 1, S. 175
993. Hermann Schweppenhäuser, S. 98
994. Schöne Welt, Juli 1974, S. 9
995. Wandsprüch'-Kalender, 9.–15. September 1974
996. Neue Westfälische Zeitung, 22. Februar 1975, keine Seitenangabe
997. Spiegel, Nr. 11, 10. März 1975, S. 20
998. Locus Vivendi Witzkalender, 17.–23. Juli 1978
999. Friedrich Hebbel, Bd. 5, S. 179
1000. Emanuel Geibel, Bd. 2, S. 62

1001. Martin Kessel, S. 90
1002. Stern, Nr. 48, 22. November 1973, S. 136
1003. Friedrich Nietzsche, Bd. 1, S. 769
1004. Heinrich Wiesner, Lakonische Zeilen, S. 27
1005. Heinrich Wiesner, Kehrseite, S. 5
1006. Bert Berkensträter, S. 24
1007. Stern, Nr. 12, 14. März 1974, S. 73
1008. Oskar Cöster, S. 132
1009. Ernst Feuchtersleben, Bd. 3, S. 223
1010. Bert Berkensträter, S. 30
1011. Die Zeit, Nr. 32, 10. August 1973, S. 3
1012. Gabriel Laub, S. 76
1013. Hans Peter Keller, S. 15
1014. Schweizer Illustrierte, Nr. 7, 10. Februar 1975, S. 93
1015. Erwin Strittmatter, Ole Bienkopp, S. 57
1016. Martin Kessel, S. 29
1017. Spiegel, Nr. 49, 1. Dezember 1975, S. 128
1018. Die Zeit, Nr. 5, 2. Februar 1971, S. 15
1019. Die Zeit, Nr. 27, 6. Juli 1971, S. 16
1020. Die Zeit, Nr. 35, 31. August 1971, S. 16
1021. Schweizer Illustrierte, Nr. 5, 27. Januar 1975, S. 77
1022. Die Zeit, Nr. 17, 25. April 1975, S. 23
1023. Anon., III, keine Seitenangabe
1024. Bert Berkensträter, S. 18
1025. Hans Kasper, Abel, S. 21
1026. Stern, Nr. 13, 18. März 1976, S. 130
1027. Karl Kraus, Beim Wort genommen, S. 123
1028. Bert Berkensträter, S. 25
1029. Dieter Höss, S. 15
1030. Gabriel Laub, S. 66
1031. Stern, Nr. 44, 26. Oktober 1978, S. 170
1032. Karl Kraus, Beim Wort genommen, S. 314
1033. Spiegel, Nr. 25, 18. Juni 1973, S. 17
1034. Martin Walser, Jenseits der Liebe, S. 162
1035. Spiegel, Nr. 6, 31. Januar 1972, S. 89
1036. Brigitte, 12. Oktober 1973, S. 251
1037. Für Sie, Nr. 8, 5. April 1974, S. 169
1038. Volker Ludwig, XIII, S. 87
1039. Kurt Sigel, Gegenreden, S. 77
1040. Hannes Stütz, XIII, S. 56
1041. Friedrich Nietzsche, Bd. 2, S. 700
1042. Johannes Bobrowski, Levins Mühle, S. 118
1043. Ludwig Thoma, Bd. 8, S. 122
1044. Helmut Arntzen, S. 31
1045. Eugen Roth, Das neue Eugen Roth Buch, S. 148
1046. Hans Kudszus, S. 20
1047. Die Zeit, Nr. 43, 26. Oktober 1971, S. 9
1048. Hörzu, Nr. 35, 1.–7. September 1973, S. 3
1049. Spiegel, Nr. 48, 26. November 1973, S. 116
1050. Die Zeit, Nr. 17, 26. April 1974, S. 2
1051. Frau im Spiegel, Nr. 20, 9. Mai 1974, S. 59
1052. Oskar Cöster, S. 132
1053. Kurt Sigel, Gegenreden, S. 60
1054. Kurt Sigel, Gegenreden, S. 70

1055. Friedrich Logau, S. 541
1056. Ernst Feuchtersleben, Bd. 5, S. 298
1057. Hans Kudszus, S. 21
1058. Stern, Nr. 31, 25. Juli 1974, S. 55
1059. Hannes Stütz, XIII, S. 52
1060. Spiegel, Nr. 30, 17. Juli 1972, S. 23
1061. Lübecker Nachrichten, 2. Juli 1974, S. 3
1062. Hörzu, Nr. 8, 19.–25. Februar 1977, S. 3
1063. Quick, Nr. 7, 9. Februar 1978, S. 9
1064. Friedrich Jünger, S. 81
1065. Friedrich Logau, S. 22
1066. Karl Kraus, Beim Wort genommen, S. 253
1067. Richard Schaukal, Jahrhundertwende, S. 282
1068. Hamburger Abendblatt, 27. Februar 1973, S. 3
1069. Hörzu, Nr. 6, 8.–14. Februar 1975, S. 3
1070. Erwin Strittmatter, Tinko, S. 251
1071. Karl Kraus, Beim Wort genommen, S. 45
1072. Johann Peter Hebel, Bd. 2, S. 73
1073. Friedrich Hebbel, Bd. 4, S. 783
1074. Hans Kudszus, S. 21
1075. Frau, Nr. 10, 12. Mai 1972, S. 136
1076. Stern, Nr. 17, 18. April 1974, S. 82
1077. Friedl Beutelrock, S. 45
1078. Gerhart Hauptmann, Bd. 6, S. 1022
1079. Stern, Nr. 29, 11.7. 1974, S. 33
1080. Johann Seume, S. 1350
1081. Georg Lichtenberg, Bd. 1, S. 553
1082. Hans Kasper, Revolutionäre, S. 32
1083. Johann Wolfgang von Goethe, Bd. 12, S. 544
1084. Ingeborg Bachmann, Das dreißigste Jahr, S. 41
1085. Rolf Hochhuth, Stellvertreter, S. 120
1086. Hörzu, Nr. 1, 4.–10. Januar 1975, S. 3
1087. Hörzu, Nr. 41, 10.–16. Oktober 1975, S. 3
1088. Martin Kessel, S. 260
1089. Martin Walser, Grund zur Freude, Nr. 49
1090. Hans Kudszus, S. 28
1091. Bert Berkensträter, S. 30
1092. Hörzu, Nr. 9, 4.–10. März 1978, S. 9
1093. Hugo von Hofmannsthal, S. 45
1094. Emil Gött, S. 149
1095. Stern, Nr. 32, 3. August 1978, S. 68
1096. Georg Lichtenberg, Bd. 1, S. 751
1097. Friedrich Rückert, Bd. 2, S. 270
1098. Friedrich Rückert, Bd. 5, S. 257
1099. Ludwig Fulda, VI, S. 47
1100. Friedrich Nietzsche, Bd. 1, S. 906
1101. Christian Morgenstern, S. 416
1102. Carl Emge, S. 114
1103. Eugen Roth, Das neue Eugen Roth Buch, S. 152
1104. Gabriele Wohmann, Paulinchen, S. 212–213
1105. Bunte Illustrierte, Nr. 13, 22. März 1978, S. 168
1106. Kurt Sigel, Gegenreden, S. 60
1107. Georg Lichtenberg, Bd. 1, S. 727

1108. Hörzu, Nr. 15, 14.–20. April 1973, S. 3
1109. Locus Vivendi Witzkalender, 2.–8. Januar 1978
1110. Hörzu, Nr. 2, 14.–20. Januar 1978, S. 27
1111. Oskar Cöster, S. 132
1112. Bert Berkensträter, S. 23
1113. Hans Peter Keller, S. 63
1114. Hörzu, Nr. 8, 22.–28. Februar 1975, S. 3
1115. Hans Fallada, S. 207
1116. Friedrich Logau, S. 559
1117. Anon., XII, S. 7
1118. Georg Britting, VII, S. 87
1119. Eugen Roth, Ins Schwarze, S. 8
1120. Hörzu, Nr. 14, 5.–11. April 1975, S. 3
1121. Karl Kraus, Beim Wort genommen, S. 267
1122. Stern, Nr. 10, 28. Februar 1974, S. 94
1123. Karl Kraus, Beim Wort genommen, S. 351
1124. Stern, Nr. 44, 25. Oktober 1973, S. 145
1125. Kurt Sigel, Gegenreden, S. 41
1126. Schweizer Illustrierte, Nr. 1, 31. Dezember 1973, S. 77
1127. Karl Kraus, Beim Wort genommen, S. 389
1128. Georg Kaiser, Bd. 4, S. 632
1129. Friedrich Jünger, S. 79
1130. Hans Kasper, Revolutionäre, S. 100
1131. Stern, Nr. 12, 13. März 1975, S. 76
1132. Mein Eigenheim, Nr. 2, März/April 1978, S. 26
1133. Helmut Arntzen, S. 43
1134. Georg Lichtenberg, Bd. 1, S. 368
1135. Spiegel, Nr. 33, 13. August 1973, S. 37
1136. Bert Berkensträter, S. 20
1137. Karl Kraus, Walpurgisnacht, S. 190
1138. Gabriele Wohmann, Ernste Absicht, S. 13
1139. Friedrich Logau, S. 450
1140. Karl Kraus, Beim Wort genommen, S. 51
1141. Friedl Beutelrock, S. 59
1142. Heinrich Wiesner, Kehrseite, S. 51
1143. Martin Kessel, S. 64
1144. Hans Peter Keller, S. 29
1145. Günter Kunert, S. 15
1146. Bertolt Brecht, Bd. 1, S. 205
1147. Helmut Arntzen, S. 27
1148. Hermann Kant, Aula, S. 262
1149. Schweizer Illustrierte, Nr. 20, 14. Mai, 1973, S. 121
1150. Stern, Nr. 26, 19. Juni 1975, S. 182
1151. Lübecker Nachrichten, 6. Juli 1975, S. 6
1152. Gabriel Laub, S. 106
1153. Hörzu, Nr. 27, 8.–14. Juli 1978, S. 3
1154. Johann Nestroy, S. 38
1155. Karl Kraus, Beim Wort genommen, S. 340
1156. Friedrich Jünger, S. 87
1157. Hermann Schweppenhäuser, S. 98
1158. Kurt Sigel, Gegenreden, S. 14
1159. Gebriel Laub, S. 53
1160. Johannes Bobrowski, Levins Mühle, S. 136
1161. Hans Kudszus, S. 39
1162. Stern, Nr. 31, 24. Juli 1975, S. 73
1163. Siegfried Lenz, Deutschstunde, S. 39
1164. Kurt Sigel, Gegenreden, S. 35
1165. Werner Bukofzer, S. 16

1166. Hans Kudszus, S. 76
1167. Bert Berkensträter, S. 16
1168. Oskar Cöster, S. 132
1169. Christine Koller, I, keine Seitenangabe
1170. Stern, Nr. 21, 16. Mai 1974, S. 70
1171. Hörzu, Nr. 46, 15.–21. November 1975, S. 123
1172. Arthur Schnitzler, S. 131
1173. M. Lang, VIII, S. 80
1174. Elias Canetti, Provinz des Menschen, S. 20
1175. Karl Kraus, Walpurgisnacht, S. 241
1176. Erwin Strittmatter, Wundertäter, Bd. 1, S. 35
1177. Martin Walser, Halbzeit, S. 369
1178. Hans Kudszus, S. 24
1179. Die Zeit, Nr. 35, 31. August 1971, S. 5
1180. Die Zeit, Nr. 10, 9. März 1973, S. 10
1181. Schweizer Illustrierte, Nr. 25, 18. Juni 1973, S. 49
1182. Für Sie, Nr. 6, 8. März 1974, S. 134
1183. Schweizer Illustrierte, Nr. 35, 26. August 1974, S. 28
1184. Die Zeit, Nr. 36, 6. September 1974, S. 3
1185. Martin Walser, Jenseits der Liebe, S. 71
1186. Karl Kraus, Beim Wort genommen, S. 131
1187. Erich Brock, S. 29
1188. Marie von Ebner-Eschenbach, S. 105
1189. Kurt Schwitters, Bd. 1, S. 176
1190. Hans Kudszus, S. 19
1191. Arthur Schnitzler, S. 130
1192. Stern, Nr. 46, 9. November 1978, S. 191
1193. Kurt Tucholsky, Schnipsel, S. 11
1194. Hörzu, Nr. 10, 5.–11. März 1977, S. 3
1195. Theodor Adorno, S. 57
1196. Eugen Roth, Ins Schwarze, S. 79
1197. Bert Berkensträter, S. 27
1198. Hans Kudszus, S. 101
1199. Emil Gött, S. 121
1200. Friedrich Logau, S. 491
1201. Georg Lichtenberg, Bd. 1, S. 700
1202. Gottlieb Pfeffel, VI, S. 67
1203. Friedrich Hebbel, Bd. 4, S. 55
1204. Hans Peter Keller, S. 15
1205. Erwin Strittmatter, Ole Bienkopp, S. 314
1206. Walter Kempowski, Uns geht's ja noch gold, S. 202
1207. Hans Peter Keller, S. 11
1208. Hans Arndt, S. 189
1209. Schweizer Illustrierte, Nr. 18, 29. April 1974, S. 108
1210. Spiegel, Nr. 46, 10. November 1975, S. 17
1211. Peter Hille, S. 42
1212. Gabriel Laub, S. 39
1213. Oskar Cöster, S. 132
1214. Oskar Cöster, S. 132
1215. Friedrich Hebbel, Bd. 4, S. 558
1216. Bert Berkensträter, S. 13
1217. Karl Kraus, Beim Wort genommen, S. 24
1218. Marie von Ebner-Eschenbach, S. 58
1219. Karl Kraus, Beim Wort genommen, S. 330
1220. Kurt Tucholsky, Schnipsel, S. 9
1221. Hans Peter Keller, S. 8
1222. Hans Kudszus, S. 16
1223. Peter Hacks, S. 94

1224. Joachim Günther, S. 64
1225. Friedrich Rückert, Bd. 5, S. 239
1226. Franz Kafka, Bd. 6, S. 70
1227. Erwin Strittmatter, Tinko, S. 283
1228. Friedrich Nietzsche, Bd. 1, S. 854
1229. Friedrich Nietzsche, Bd. 1, S. 1175
1230. Georg Kaiser, Bd. 4, S. 632
1231. Hermann Schweppenhäuser, S. 158
1232. Elias Canetti, Aufzeichnungen, S. 124
1233. Hermann Schweppenhäuser, S. 98
1234. Eugen Roth, Das neue Eugen Roth Buch, S. 36
1235. Wilhelm Busch, Bd. 5, S. 205
1236. Bertolt Brecht, Bd. 5, S. 2099
1237. Stern, Nr. 19, 3. Mai 1973, S. 96
1238. Ludwig Fulda, VI, S. 264
1239. Fred Endrikat, VIII, S. 256
1240. Eugen Roth, Genau besehen, S. 17
1241. Schweizer Illustrierte, Nr. 44, 30. Oktober 1972, S. 140
1242. Praline, Nr. 3, 17. Januar 1973, S. 12
1243. Brigitte, 30. August 1974, S. 47
1244. Frau im Spiegel, Nr. 17, 17. April 1975, S. 98
1245. Josef Reding, S. 20
1246. Spiegel, Nr. 25, 14. Juni 1976, hintere Umschlagseite
1247. Locus Vivendi Witzkalender, 1.–7. März 1978
1248. Karl Kraus, Beim Wort genommen, S. 54
1249. Hermann Schweppenhäuser, S. 158
1250. Hans Kudszus, S. 26
1251. Johann Nestroy, S. 113
1252. Friedrich Nietzsche, Bd. 1, S. 1210
1253. Martin Kessel, S. 124
1254. Johann Peter Hebel, Bd. 2, S. 84
1255. Oskar Cöster, S. 132
1256. Stern, Nr. 35, 23. August 1973, S. 64
1257. Hermann Kant, Aula, S. 98
1258. Quick, Nr. 17, 20. April 1978, S. 89
1259. Stern, Nr. 28, 5. Juli 1975, S. 87
1260. Karl Kraus, Beim Wort genommen, S. 92
1261. Die Zeit, Nr. 19, 11. Mai 1971, S. 3
1262. Walter Kempowski, Tadellöser & Wolff, S. 193
1263. Schweizer Illustrierte, Nr. 8, 19. Februar 1973, S. 49
1264. Die Zeit, Nr. 33, 17. August 1973, S. 12
1265. Karin Struck, S. 83
1266. Gabriel Laub, S. 33
1267. Locus Vivendi Witzkalender, 16.–22. Januar 1978
1268. Stern, Nr. 13, 23. März 1978, S. 230
1269. Brigitte, Nr. 14, 29. Juni 1978, S. 21
1270. Karl Kraus, Beim Wort genommen, S. 194
1271. Schweizer Illustrierte, Nr. 7, 11. Februar 1974, S. 101
1272. Karl Waggerl, Bd. 2, S. 653
1273. Die Zeit, Nr. 31, 3. August 1971, S. 18
1274. Die Zeit, Nr. 32, 10. August 1971, S. 24
1275. Hansi Frank, XIII, S. 158
1276. Stern, Nr. 35, 22. August 1974, S. 39

1277. Hans Fallada, S. 60
1278. Heinrich Heine, Bd. 4, S. 732
1279. Friedrich Hebbel, Bd. 4, S. 640
1280. Hermann Schweppenhäuser, S. 13
1281. Friedrich Nietzsche, Bd. 1, S. 972
1282. Anon., III, keine Seitenangabe
1283. Hans Kudszus, S. 20
1284. Wilhelm Busch, Bd. 5, S. 207
1285. Hermann Schweppenhäuser, S. 12
1286. Martin Walser, Halbzeit, S. 460–461
1287. Eugen Roth, Das neue Eugen Roth Buch, S. 34–35
1288. Kurt Sigel, Kannibalisches, S. 134
1289. Friedrich Rückert, V, S. 206
1290. Otto Grünmandl, S. 120–121
1291. Wandsprüch'-Kalender, 1972
1292. Emil Gött, S. 158
1293. Franz Grillparzer, VI, S. 68
1294. Friedrich Nietzsche, Bd. 1, S. 835
1295. Hans Peter Keller, S. 60
1296. Heinrich Wiesner, Kehrseite, S. 31
1297. Schweizer Illustrierte, Nr. 52, 25. Dezember 1972, S. 85
1298. Karl Kraus, Beim Wort genommen, S. 351
1299. Carl Zuckmayer, Des Teufels General, S. 112
1300. Hans Peter Keller, S. 41
1301. Oskar Cöster, S. 132
1302. Schweizer Illustrierte, Nr. 8, 17. Februar 1975, S. 85
1303. Karl Kraus, Beim Wort genommen, S. 171
1304. Hörzu, Nr. 47, 23.–29. November 1974, S. 3
1305. Martin Kessel, S. 29
1306. Stern, Nr. 2, 3. Januar 1974, S. 23
1307. Die Zeit, Nr. 11, 15. März 1974, S. 23
1308. Stern, Nr. 13, 21. März 1974, S. 125
1309. Schweizer Illustrierte, Nr. 49, 2. Dezember 1974, S. 117
1310. Bertolt Brecht, Bd. 5, S. 1934
1311. Stern, Nr. 34, 16. August 1973, S. 64
1312. Hörzu, Nr. 18, 4.–10. Mai 1974, S. 48
1313. Spiegel, Nr. 24, 7. Juni 1976, S. 43
1314. Freizeit Revue, Nr. 4, 19. Januar 1978, S. 57
1315. Modeblatt, Nr. 38, 23. September 1978, S. 69
1316. Stern, Nr. 46, 9. November 1978, S. 91
1317. Johann Seume, S. 1367 bis 1368
1318. Stern, Nr. 34, 15. August 1974, S. 35
1319. Friedrich Logau, S. 134
1320. Stern, Nr. 19, 2. Mai 1974, S. 88
1321. Gerhart Hauptmann, Bd. 6, S. 1006
1322. Stern, Nr. 17, 18. April 1974, S. 5
1323. Die Zeit, Nr. 28, 5. Juli 1974, S. 8
1324. Karl Kraus, Beim Wort genommen, S. 270
1325. Heinrich Wiesner, Kehrseite, S. 33
1326. Walter Kempowski, Im Block, S. 147; ders., Ein Kapitel für sich, S. 324

1327. Stern, Nr. 10, 27. Februar 1975, S. 41
1328. Gabriel Laub, S. 82
1329. Joachim Günther, S. 32
1330. Karl Kraus, Beim Wort genommen, S. 447
1331. Friedrich Hebbel, Bd. 5, S. 99
1332. Stern, Nr. 25, 12. Juni 1974, S. 72
1333. Anon., III, keine Seitenangabe
1334. Richard Schaukal, Jahrhundertwende, S. 273
1335. Johann Wolfgang von Goethe, Bd. 12, S. 398
1336. Hans Fallada, S. 298
1337. Heinrich Wiesner, Lakonische Zeilen, S. 41
1338. Die Zeit, Nr. 10, 9. März 1971, S. 22
1339. Günter Grass, Tagebuch einer Schnecke, S. 25
1340. Schweizer Illustrierte, Nr. 1, 31. Dezember 1973, S. 77
1341. Gerhart Hauptmann, Bd. 6, S. 990
1342. Gabriel Laub, S. 31
1343. Brigitte, Nr. 13, 1975, S. 128
1344. Stern, Nr. 6, 2. Februar 1978, S. 103
1345. Franz Grillparzer, Bd. 4, S. 227
1346. Bertolt Brecht, Bd. 11, S. 120
1347. Hans Kudszus, S. 33
1348. Gabriel Laub, S. 78
1349. Christoph Derschau, I, keine Seitenangabe
1350. Karl Kraus, Beim Wort genommen, S. 447
1351. Johann Peter Hebel, Bd. 2, S. 73–74
1352. Hörzu, Nr. 47, 20.–26. November 1976, S. 3
1353. Die Zeit, Nr. 44, 28. Oktober 1977, S. 1
1354. Spiegel, Nr. 33, 7. August 1972, S. 46
1355. Spiegel, Nr. 10, 5. März 1973, S. 134
1356. Aufklebplakette für Autoscheiben oder Karosserie, herausgegeben von Aral, Sommer 1974. Freundliche Mitteilung von Dr. Uwe Förster, Gesellschaft für deutsche Sprache
1357. Praline, Nr. 28. 7. Juli 1975, S. 16
1358. Heinrich Wiesner, Kehrseite, S. 34
1359. Karl Kraus, Beim Wort genommen, S. 294
1360. Heinrich Wiesner, Lakonische Zeilen, S. 45
1361. Eugen Roth, Das neue Eugen Roth Buch, S. 151
1362. Schweizer Illustrierte, Nr. 44, 30. Oktober 1972, S. 43
1363. Die Zeit, Nr. 19, 10. Mai 1974, S. 7
1364. Die Zeit, Nr. 6, 7. Februar 1975, S. 4
1365. Stern, Nr. 21, 15. Mai 1975, S. 129
1366. Stern, Nr. 26, 19. Juni 1975, S. 193
1367. Stuttgarter Zeitung, 20. April 1978, S. 23
1368. Karl Krause, Beim Wort genommen, S. 43
1369. Gabriel Laub, S. 87
1370. Hermann Kant, Aula, S. 201
1371. Spiegel, Nr. 11, 13. März 1978, S. 93
1372. Stern, Nr. 42, 10. Oktober 1974, S. 255
1373. Friedrich Nietzsche, Bd. 1, S. 768

1374. Martin Walser, Grund zur Freude, Nr. 87
1375. Johann Nestroy, S. 41
1376. Hans Kudszus, S. 41
1377. Hörzu, Nr. 11, 15.–21. März 1975, S. 115
1378. Helmut Arntzen, S. 11
1379. Stern, Nr. 36, 27. August 1972, S. 97
1380. Herbert Heckmann, I, keine Seitenangabe
1381. Hörzu, Nr. 16, 19.–25. April 1975, S. 3
1382. Günter Grass, Blechtrommel, S. 34
1383. Hans Kudszus, S. 20
1384. Stern, Nr. 26, 20. Juni 1973, S. 85
1385. Hans Kasper, Abel, S. 55
1386. Johannes Bobrowski, Levins Mühle, S. 69, 70, 115, 137, 145, 154
1387. Die Zeit, Nr. 31, 3. August 1971, S. 18
1388. Stern, Nr. 20, 24. Mai 1973, S. 42
1389. Christian Morgenstern, S. 421
1390. Hans Kudszus, S. 28
1391. Karin Struck, S. 169
1392. Friedrich Logau, S. 412
1393. Johann Nestroy, S. 98
1394. Friedrich Logau, S. 33
1395. Friedrich Rückert, Bd. 2, S. 271
1396. Rolf Hochhuth, Lysistrate, S. 145
1397. Spiegel, Nr. 33, 13. August 1973, S. 77
1398. Die Zeit, Nr. 45, 8. November 1974, S. 24
1399. Die Zeit, Nr. 12, 27. März 1975, S. 23
1400. Die Zeit, Nr. 44, 31. Oktober 1975, S. 24
1401. Oskar Cöster, S. 132
1402. Karl Kraus, Beim Wort genommen, S. 158
1403. Georg Lichtenberg, Bd. 1, S. 927
1404. Eugen Roth, Ins Schwarze, S. 108
1405. Die Zeit, Nr. 2, 7. Januar 1977, S. 9
1406. Kurt Sigel, Gegenreden, S. 7
1407. Bert Berkensträter, S. 29
1408. Friedrich Logau, S. 326
1409. Friedrich Jünger, S. 57
1410. Erwin Strittmatter, Wundertäter, Bd. 2, S. 66
1411. Emanuel Geibel, Bd. 1, S. 322
1412. Friedrich Hebbel, Bd. 5, S. 260
1413. Eugen Roth, Genau besehen, S. 38
1414. Zeit-Magazin, Nr. 44, 26. Oktober 1973, S. 39
1415. Fürchtegott Fulda, VI, S. 265
1416. Martin Kessel, S. 70
1417. Die Zeit, Nr. 12, 16. März 1973, S. 5
1418. Stern, Nr. 20, 9. Mai 1974, S. 98
1419. Hans Kudszus, S. 61
1420. Praline, Nr. 52, 20. Dezember 1972, S. 12
1421. Hermann Kant, Impressum, S. 7
1422. Hörzu, Nr. 24, 15.–21. Juni 1974, S. 12
1423. Stern, Nr. 38, 9. September 1976, S. 145
1424. Spiegel, Nr. 20, 9. Mai 1977, S. 199
1425. Johann Nestroy, S. 114
1426. Martin Kessel, S. 58
1427. Gabriel Laub, S. 105
1428. Richard Schaukal, Jahrhundertwende, S. 273

1429. Karl Waggerl, Bd. 2, S. 646
1430. Gustav Radbruch, S. 107
1431. Carl Emge, S. 102
1432. Eugen Roth, Der letzte Mensch, S. 63
1433. Martin Kessel, S. 116
1434. Ernst von Feuchtersleben, VI, S. 50
1435. Karl Kraus, Beim Wort genommen, S. 36
1436. Schweizer Illustrierte, Nr. 50, 11. Dezember 1972, S. 125
1437. Stern, Nr. 22, 22. Mai 1975, S. 12
1438. Johann Wolfgang von Goethe, Bd. 12, S. 523
1439. Karl Kraus, Beim Wort genommen, S. 270
1440. Kurt Sigel, Gegenreden, S. 49
1441. Johann Peter Hebel, Bd. 2, S. 280
1442. Martin Kessel, S. 62
1443. Dieter Leisegang, S. 38
1444. Bert Berkensträter, S. 13
1445. Schweizer Illustrierte, Nr. 49, 2. Dezember 1974, S. 117
1446. Christian Morgenstern, S. 413
1447. Karl Kraus, Beim Wort genommen, S. 141–142
1448. Schweizer Illustrierte, Nr. 52, 25. Dezember 1972, S. 85
1449. Hörzu, Nr. 48, 26. November bis 2. Dezember 1977, S. 56
1450. Hermann Schweppenhäuser, S. 193
1451. Erwin Strittmatter, Ochsenkutscher, S. 190
1452. Kurt Sigel, Gegenreden, S. 46
1453. Hugo von Hofmannsthal, S. 84
1454. Karl Kraus, Beim Wort genommen, S. 292
1455. Alfred Döblin, S. 12
1456. Erwin Strittmatter, Wundertäter, Bd. 2, S. 308
1457. Martin Walser, Einhorn, S. 141
1458. Martin Walser, Einhorn, S. 170
1459. Elias Canetti, Aufzeichnungen, S. 170
1460. Karl Kraus, Beim Wort genommen, S. 274
1461. Friedrich Jünger, S. 82
1462. Karl Kraus, Beim Wort genommen, S. 76
1463. Erich Kästner, Bd. 1, S. 324
1464. Spiegel, Nr. 33, 13. August 1973, S. 37
1465. Bertolt Brecht, Bd. 4, S. 1648
1466. Erwin Strittmatter, Ole Bienkopp, S. 165–166
1467. Heinrich Wiesner, Kehrseite, S. 44
1468. Die Zeit, Nr. 44, 2. November 1971, S. 22
1469. Hermann Kant, Impressum, S. 408
1470. Wilhelm Busch, Bd. 5, S. 206
1471. Jean Paul, Bd. 33, S. 239
1472. Erwin Strittmatter, Wundertäter, Bd. 2, S. 369–370
1473. Spiegel, Nr. 6, 31. Januar 1972, S. 89
1474. Zeit-Magazin, Nr. 41, 4. Oktober 1974, S. 26–27
1475. Hörzu, Nr. 47, 23.–29. November 1974, S. 3
1476. Stern, Nr. 46, 6. November 1975, S. 164
1477. Hörzu, Nr. 28, 13.–19. Juli 1974, S. 3
1478. Quick, Nr. 37, 4. September 1975, S. 15

1479. Friedrich Jünger, S. 82
1480. Hans Peter Keller, S. 42
1481. Günter Grass, Hundejahre, S. 466
1482. Erwin Strittmatter, Ole Bienkopp, S. 335
1483. Siegfried Lenz, Deutschstunde, S. 16 und 479
1484. Eugen Roth, Das neue Eugen Roth Buch, S. 81
1485. Spiegel, Nr. 9, 21. Februar 1972, S. 46
1486. Hörzu, Nr. 32, 9.–15. August 1975, S. 3
1487. Stern, Nr. 16, 8. April 1976, S. 78
1488. Gabriel Laub, S. 11
1489. Gabriel Laub, S. 11
1490. Eugen Roth, Ernst und heiter, S. 16
1491. Stern, Nr. 48, 21. November 1974, S. 122
1492. Bert Berkensträter, S. 32
1493. Friedrich Rückert, Bd. 5, S. 252
1494. Ludwig Fulda, VI, S. 62
1495. Friedrich Nietzsche, Bd. 1, S. 789
1496. Hans Fallada, S. 84
1497. Emil Gött, S. 113
1498. Erich Kästner, Bd. 1, S. 340
1499. Hörzu, Nr. 21, 25.–31. Mai 1974, S. 49
1500. Spiegel, Nr. 9, 27. Februar 1978, S. 233

BIBLIOGRAPHIE

1. Anthologien

I: *Aller Lüste Anfang. Das 7. Buch der Werbung.* Hrsg. von Dieter Hülsmanns und Friedrich Reske. Reinbek: Rowohlt, 1973.

II: *Alles Unsinn. Deutsche Ulk- und Scherzdichtung von ehedem bis momentan.* Hrsg. von Heinz Seydel. Berlin: Eulenspiegel, 1969.

III: *Das Lustigste von Seite 3 aus Hör zu: Das fängt ja gut an!* Hrsg. von Paul Guntermann. Hamburg: Springer, 1976.

IV: *Deutsche Aphorismen.* Hrsg. von Gerhard Fieguth. Stuttgart: Reclam, 1978.

V: *Deutsche Epigramme.* Hrsg. von Gerhard Neumann. Stuttgart: Reclam, 1971.

VI: *Deutsche Epigramme aus fünf Jahrhunderten.* Hrsg. von Klemens Altmann. München: dtv, 1969.

VII: *Deutsche Erzähler der Gegenwart.* Hrsg. von Willi Fehse. Stuttgart: Reclam, 1959.

VIII: *Deutsche Unsinnspoesie.* Hrsg. von Klaus Peter Dencker. Stuttgart: Reclam, 1978.

IX: *Die Meisengeige. Zeitgenössische Nonsensverse.* Hrsg. von Günter Bruno Fuchs. München: Hanser, 1964.

X: *Handbuch moderner Literatur im Zitat.* Hrsg. von Ernst R. Hauschka. Regensburg: Friedrich Pustet, 1968.

XI: *Heiterkeit in vielen Versen.* Hrsg. von Erich Kästner. Hannover: Fackelträger, 1965.

XII: „Sprüchwörter mit Nachsatz" (anonym). *Fliegende Blätter,* 71 (1879), 7. (Freundlicher Hinweis von Herrn Helmut Walther, Gesellschaft für deutsche Sprache).

XIII: *Vorsicht, die Mandoline ist geladen. Deutsches Kabarett seit 1964.* Hrsg. von Klaus Budzinski. Frankfurt: Fischer, 1971.

2. PRIMÄRLITERATUR

ADORNO: Theodor W. Adorno. *Minima Moralia. Reflexionen aus dem beschädigten Leben.* Frankfurt: Suhrkamp, 1951.

ARNDT: Hans Arndt. „Aphorismen". *Akzente,* 19 (1972), 188–191.

ARNTZEN: Helmut Arntzen. *Kurzer Prozeß. Aphorismen und Fabeln.* München: Nymphenburger, 1966.

BACHMANN: Ingeborg Bachmann. *Das dreißigste Jahr. Erzählungen.* München: dtv, 1973.

BACHMANN: Ingeborg Bachmann. *Die gestundete Zeit.* München: dtv, 1961.

BARTSCH: Kurt Bartsch. *Kalte Küche. Parodien.* Berlin: Aufbau, 1974.

BERKENSTRÄTER: Bert Berkensträter. *zungen-schläge.* Berlin: Wolfgang Fietkau, 1971.

BEUTELROCK: Friedl Beutelrock. *Am Rande vermerkt. Neue Aphorismen.* München: Gerlach, 1955.

BOBROWSKI: Johannes Bobrowski. *Levins Mühle.* Frankfurt: Fischer, 1973.

BOBROWSKI: Johannes Bobrowski. *Litauische Claviere.* München: dtv, 1972.

BÖLL: Heinrich Böll. *Gruppenbild mit Dame.* Gütersloh: Bertelsmann, o. J.

BÖRNE: *Ludwig Börne. Sämtliche Schriften.* Hrsg. von Inge und Peter Rippmann. Düsseldorf: Joseph Melzer, 1964.

BRANDT: Willy Brandt. *Der Wille zum Frieden. Perspektiven der Politik.* Frankfurt: Fischer, 1973.

BRECHT: *Bertolt Brecht. Gesammelte Werke.* Hrsg. von Elisabeth Hauptmann. Frankfurt: Suhrkamp, 1967.

BROCK: Erich Brock. *Sätze und Gegensätze. Aphorismen.* Zürich: Werner Classen, 1970.

BUKOFZER: Werner Bukofzer. *Splitter. Prosa der Begegnungen.* Neuwied am Rhein: Luchterhand, 1968.

BUSCH: *Wilhelm Busch Gesamtausgabe.* Hrsg. von Otto Nöldeke. München: Braun & Schneider, 1958.

CANETTI: Elias Canetti. *Aufzeichnungen 1942–1948.* München: Hanser 1965.

CANETTI: Elias Canetti. *Die Provinz des Menschen. Aufzeichnungen 1942–1972.* München: Hanser, 1973.

CLAUDIUS: *Matthias Claudius, Sämtliche Werke.* Hrsg. von Jost Perfahl. München: Winkler, 1968.

CÖSTER: Oskar Cöster. „Schüsse aus der Wortkanone". *Stern,* Nr. 9, 23. Februar 1978, S. 132.

DÖBLIN: Alfred Döblin. *Berlin Alexanderplatz.* München: dtv, 1970.

EBNER-ESCHENBACH: *Marie von Ebner-Eschenbach. Aphorismen.* Hrsg. von Edgar Groß. München: Nymphenburger, 1961. (Bd. 9 der gesammelten Werke)

EMGE: Carl August Emge. *Diesseits und jenseits des Ernstes.* Wiesbaden: Franz Steiner, 1956.

Fallada: Hans Fallada. *Bauern, Bonzen und Bomben.* Reinbek: Rowohlt, 1964.

Feuchtersleben. *Ernst Freiherrn von Feuchtersleben's sämtliche Werke.* Hrsg. von Friedrich Hebbel. Wien: Carl Gerold, 1851ff.

Frisch: Max Frisch. *Stiller.* Frankfurt: Fischer, 1965.

Geibel: *Geibels Werke.* Hrsg. von Wolfgang Stammler. Leipzig: Bibliographisches Institut, o. J.

Goethe: *Goethes Werke.* Hrsg. von Erich Trunz. Hamburg: Christian Wegner, 1963. (Hamburger Ausgabe)

Gött: Emil Gött. *Gesammelte Werke.* Straßburg: Hünenburg, 1943.

Grass: Günter Grass. *Aus dem Tagebuch einer Schnecke.* Reinbek: Rowohlt, 1974.

Grass: Günter Grass. *Blechtrommel.* Neuwied am Rhein: Luchterhand, 1959.

Grass: Günter Grass. *Hundejahre.* Neuwied am Rhein: Luchterhand, 1963.

Grillparzer: *Franz Grillparzer. Sämtliche Werke.* Hrsg. von Peter Frank und Karl Pörnbacher. München: Hanser, 1964.

Grünmandl: Otto Grünmandl. *Das Ministerium der Sprichwörter.* Frankfurt: Fischer, 1970.

Gulbransson: Olaf Gulbransson. *Heiteres und Weiteres.* München: Langen-Müller, 1973.

Gulbransson: Olaf Gulbransson. *Sprüche und Wahrheiten.* München: dtv, 1974.

Günther: Joachim Günther. *Findlinge.* Heidelberg: Lambert Schneider, 1976.

Gutzkow: *Gutzkows Werke.* Hrsg. von Reinhold Gensel. Berlin: Deutsches Verlagshaus Bong, 1912.

Hacks: Peter Hacks. *Lieder, Briefe, Gedichte.* Berlin: Peter Hammer, 1974.

Hauptmann: *Gerhart Hauptmann. Sämtliche Werke.* Hrsg. von Hans-Egon Hass. Frankfurt: Propyläen, 1963.

Hebbel: *Friedrich Hebbel. Werke.* Hrsg. von Gerhard Fricke, Werner Keller, Karl Pörnbacher. München: Hanser, 1966.

Hebel: *Johann Peter Hebel. Werke.* Hrsg. von Otto Kleiber. Basel: Birkhäuser, 1959.

Heimann: Moritz Heimann. *Prosaische Schriften in drei Bänden.* Berlin: Fischer, 1918.

Heine: *Heinrich Heine. Sämtliche Werke.* Hrsg. von Jost Perfahl, Werner Vordtriede, Uwe Schweikert. München: Winkler, 1972.

Hille: Peter Hille. *Ausgewählte Dichtungen.* Ratingen/Düsseldorf: A. Henn, 1961.

Hoche: Karl Hoche. *Schreibmaschinentypen und andere Parodien.* München: dtv, 1971.

Hochhuth: Rolf Hochhuth. *Der Stellvertreter.* Reinbek: Rowohlt, 1967.

Hochhuth: Rolf Hochhuth. *Lysistrate und die Nato.* Reinbek: Rowohlt, 1973.

Hofmannsthal: *Hugo von Hofmannsthal. Aufzeichnungen.* Hrsg. von Herbert Steiner. Frankfurt: Fischer, 1959.

Höss: Dieter Höss. *Wer einmal in den Fettnapf tritt . . . Satirische Gedichte.* München: dtv, 1973.

Jacobi: *Friedrich Heinrich Jacobi's Werke.* Hrsg. von Friedrich Roth. Leipzig: Gerhard Fleischer, 1825.

Jean Paul: *Jean Paul's sämtliche Werke.* Berlin: G. Reimer, 1842.

Jünger: Friedrich Georg Jünger. *Gedanken und Merkzeichen.* Frankfurt: Klostermann, 1949.

Kafka: *Franz Kafka. Gesammelte Werke.* Hrsg. von Max Brod. Frankfurt: Fischer, 1976.

Kaiser: *Georg Kaiser. Werke.* Hrsg. von Walther Huder. Frankfurt: Propyläen, 1971.

Kant: Hermann Kant. *Das Impressum.* Neuwied am Rhein: Luchterhand, 1972.

Kant: Hermann Kant. *Die Aula.* Frankfurt: Fischer, 1968.

Kant: Herman Kant. *Ein bißchen Südsee. Erzählungen.* München: dtv, 1970.

Kasper: Hans Kapser. *Abel, gib acht. Aktuelle Aphorismen II.* Düsseldorf: Econ, 1962.

Kasper: Hans Kapser. *Revolutionäre sind Reaktionäre. Sätze zur Situation.* Düsseldorf: Econ, 1969.

Kästner: Erich Kästner. *Gesammelte Schriften für Erwachsene.* München: Knaur, 1969.

Keller: Hans Peter Keller. *Panoptikum aus dem Augenwinkel. Bruchstücke.* Wiesbaden: Limes, 1966.

Kempowski: Walter Kempowski. *Ein Kapitel für sich.* München: dtv, 1978.

Kempowski: Walter Kempowski. *Im Block.* Frankfurt: Fischer, 1972.

Kempowski: Walter Kempowski. *Tadellöser & Wolff. Ein bürgerlicher Roman.* München: dtv, 1975.

Kempowski: Walter Kempowski. *Uns geht's ja noch gold. Roman einer Familie.* München: dtv, 1975.

Kessel: Martin Kessel. *Gegengabe. Aphoristisches Kompendium für hellere Köpfe.* Darmstadt: Luchterhand, 1960.

Klinger: *Friedrich Maximilian Klingers Ausgewählte Werke.* Stuttgart: J. G. Cotta'sche Buchhandlung, 1880.

Kraus: *Karl Kraus. Beim Wort genommen.* Hrsg. von Heinrich Fischer. München: Kösel, 1955.

Kraus: *Karl Kraus. Die dritte Walpurgisnacht.* Hrsg. von Heinrich Fischer. München: Kösel, 1952.

Kraus: *Karl Kraus. Worte in Versen.* Hrsg. von Heinrich Fischer. München: Kösel, 1959.

KUDSZUS: Hans Kudszus. *Jaworte, Neinworte. Aphorismen.* Frankfurt: Suhrkamp, 1970.
KUNERT: Günter Kunert. *Warnung vor Spiegeln. Gedichte.* München: Hanser, 1970.
KÜRNBERGER: *Ferdinand Kürnberger. Feuilletons.* Hrsg. von Karl Riha. Frankfurt: Insel, 1967.
LAUB: Gabriel Laub. *Denken erlaubt – Aphorismen.* Gütersloh: Bertelsmann, o. J.
LE FORT: Gertrud von Le Fort. *Aphorismen.* München: Franz Ehrenwirth, 1962.
LEISEGANG: Dieter Leisegang. *Aus privaten Gründen. Gedichte und Aphorismen.* Frankfurt: Horst Heiderhoff, 1973.
LENZ: Siegfried Lenz. *Deutschstunde.* Gütersloh: Bertelsmann, 1968.
LENZ: Siegfried Lenz. *Es waren Habichte in der Luft.* München: dtv, 1973.
LESSING: *Lessings Werke.* Hrsg. von Theodor Matthias. Leipzig: Hesse & Bekker, o. J.
LICHTENBERG: *Georg Christoph Lichtenberg, Schriften und Briefe, Sudelbücher.* Hrsg. von Wolfgang Promies. Darmstadt: Wissenschaftliche Buchgesellschaft, 1968.
LOGAU: *Friedrichs von Logau sämtliche Sinngedichte.* Hrsg. von Gustav Eitner. Tübingen: L. F. Fues, 1872.
LOSCHÜTZ: Gert Loschütz. *Gegenstände. Gedichte und Prosa.* Frankfurt: Suhrkamp, 1971.
MANN: Thomas Mann. *Bekenntnisse des Hochstaplers Felix Krull.* Frankfurt: Fischer, 1974.
MANN: Thomas Mann. *Der Zauberberg.* Frankfurt: Fischer, 1967.
MORGENSTERN: *Christian Morgenstern. Gesammelte Werke.* Hrsg. von Margareta Morgenstern. München: Piper, 1965.
MÖRIKE: *Eduard Mörike. Sämtliche Werke.* Hrsg. von Gerhart Baumann. Stuttgart: J. G. Cotta'sche Buchhandlung, 1961.
NESTROY: *Johann Nestroy. Stich- und Schlagworte.* Hrsg. von Reinhard Urbach. Frankfurt: Insel, 1977.
NIEDEN: Eberhard zur Nieden. „Schüsse aus der Wortkanone". *Stern.* Nr. 13, 23. März 1978, S. 100. (vgl. Oskar Cöster)
NIETZSCHE: *Friedrich Nietzsche. Werke in drei Bänden.* Hrsg. von Karl Schlechta. München: Hanser, 1954.
PLATEN: *August Graf von Platens sämtliche Werke.* Hrsg. von Max Koch und Erich Petzet. Leipzig: Max Hesse, o. J.
RADBRUCH: *Gustav Radbruch. Aphorismen zur Rechtsweisheit.* Hrsg. von Arthur Kaufmann. Göttingen: Vandenhoeck & Ruprecht, 1963.
REDING: Josef Reding. *Ach und Krach Texte.* Balve/Sauerland: Engelbert, 1976.
ROTH: Eugen Roth. *Das Eugen Roth Buch.* München: Hanser, 1966.
ROTH: Eugen Roth. *Das neue Eugen Roth Buch.* München: Hanser, 1970.
ROTH: Eugen Roth. *Der letzte Mensch.* München: Hanser, 1964.

Roth: Eugen Roth. *Ernst und heiter.* München: dtv, 1961.

Roth: Eugen Roth. *Genau besehen. Verse und Anekdoten.* München: dtv, 1976.

Roth: Eugen Roth. *Ins Schwarze. Limericks und Schüttelreime.* München: Hanser, 1968.

Rückert: *Friedrich Rückerts Werke.* Hrsg. von Ludwig Laistner. Stuttgart: Verlag der Cotta'schen Buchhandlung, o. J.

Rühmkorf: Peter Rühmkorf. *Über das Volksvermögen. Exkurse in den literarischen Untergrund.* Reinbek: Rowohlt, 1967.

Schaukal: Richard Schaukal. *Erlebte Gedanken. Neuer Zettelkasten.* München: Georg Müller, 1918.

Schaukal: *Richard Schaukal. Um die Jahrhundertwende.* Hrsg. von Lotte Schaukal und Joachim Schondorff. München: Albert Langen & Georg Müller, o. J.

schnitzler: *Arthur Schnitzler. Aphorismen und Betrachtungen.* Hrsg. von Robert O. Weiss. Frankfurt: Fischer, 1967.

Schweppenhäuser: Hermann Schweppenhäuser. *Verbotene Frucht. Aphorismen und Fragmente.* Frankfurt: Suhrkamp, 1966.

Schwitters: *Kurt Schwitters. Das literarische Werk.* Hrsg. von Friedhelm Lach. Schauberg: M. Du Mont, 1973.

Seume: *Johann Gottfried Seume. Prosaschriften.* Hrsg. von Werner Kraft. Köln: Joseph Melzer, 1962.

Sigel: Kurt Sigel. *Feuer, de Maa brennt . . . Allerlei kauzige Verse. Sauf-, Liebes- und Kannibalenlieder in Frankfurter Mundart.* Frankfurt: Timm Gierig, 1968.

Sigel: Kurt Sigel. *Gegenreden – Quergebabbel. Hessische Mundartsprüche, Gedichte und Redensarten.* Düsseldorf: Claassen, 1978.

Sigel: Kurt Sigel. *Kannibalisches. Einschlafgeschichten für sensible Leser.* Tübingen: Horst Erdmann, 1972.

Sigel: Kurt Sigel. *Lieder & Anschläge. Gedichte.* München: Delp, 1970.

Strittmatter: Erwin Strittmatter. *Der Wundertäter.* Berlin: Aufbau, 1974.

Strittmatter: Erwin Strittmatter. *Ochsenkutscher.* Berlin: Aufbau, 1974.

Strittmatter: Erwin Strittmatter. *Ole Bienkopp.* Berlin: Aufbau, 1972.

Strittmatter: Erwin Strittmatter. *Tinko.* Leipzig: Reclam, 1971.

Struck: Karin Struck. *Klassenliebe.* Frankfurt: Suhrkamp, 1973.

Thoma: Ludwig Thoma. *Gesammelte Werke.* München: Piper, 1956.

Tucholsky: *Kurt Tucholsky. Gesammelte Werke.* Hrsg. von Mary Gerold-Tucholsky und Fritz J. Raddatz. Reinbek: Rowohlt, 1960.

Tucholsky: *Kurt Tucholsky. Schnipsel.* Hrsg. von Mary Gerold-Tucholsky und Fritz J. Raddatz. Reinbek: Rowohlt, 1973.

Waggerl: Karl Heinrich Waggerl. *Sämtliche Werke.* Salzburg: Otto Müller, 1970.

Walser: Martin Walser. *Das Einhorn.* Frankfurt: Fischer, 1970.

Walser: Martin Walser. *Das Sauspiel.* Frankfurt: Suhrkamp, 1975.

WALSER: Martin Walser. *Der Grund zur Freude. 99 Sprüche zur Erbauung des Bewußtseins*. Düsseldorf: Eremiten-Presse, 1978.
WALSER: Martin Walser. *Der Sturz*. Frankfurt: Suhrkamp, 1973.
WALSER: Martin Walser. *Das fliehende Pferd*. Frankfurt: Suhrkamp, 1978.
WALSER: Martin Walser. *Halbzeit*. München: Knaur, 1966.
WALSER: Martin Walser. *Jenseits der Liebe*. Frankfurt: Suhrkamp, 1976.
WALSER: Martin Walser. *Überlebensgroß Herr Krott*. Frankfurt: Suhrkamp, 1964.
WIESNER: Heinrich Wiesner. *Die Kehrseite der Medaille. Neue lakonische Zeilen*. München: Piper, 1972.
WIESNER: Heinrich Wiesner. *Lakonische Zeilen*. München: Piper, 1965.
WOHMANN: Gabriele Wohmann. *Ernste Absicht*. Frankfurt: Fischer, 1972.
WOHMANN: Gabriele Wohmann. *Paulinchen war allein zu Haus*. Darmstadt: Luchterhand, 1978.
WOLF: Christa Wolf. *Der geteilte Himmel*. München: dtv, 1973.
ZUCKMAYER: Carl Zuckmayer. *Der fröhliche Weinberg. Schinderhannes. Zwei Stücke*. Frankfurt: Fischer, 1968.
ZUCKMAYER: Carl Zuckmayer. *Der Hauptmann von Köpenick*. Frankfurt: Fischer, 1975
ZUCKMAYER: Carl Zuckmayer. *Der Rattenfänger*. Frankfurt: Fischer, 1975.
ZUCKMAYER: Carl Zuckmayer. *Des Teufels General*. Frankfurt: Fischer, 1975.

3. WITZKALENDER

LOCUS VIVENDI: *Locus Vivendi – Sentenzen fürs Klo*. München: Heye Verlag.
WANDSPRÜCH': *Dumme Sprüche für Gescheite. Wandsprüch'-Kalender*. München: Heye Verlag.

4. SEKUNDÄRLITERATUR

ADEL, KURT. „Das Zitat in der Lyrik". *Literatur und Kritik* (Wien), 64 (1972), 235–245.
BALZER, H. *Buschs Wesen und Werk im Spiegel seiner Spruchweisheit*. Leipzig: E. Weibezahl, 1941.
BAUMANN, RICHARD und NEIL MCCABE. „Proverbs in an LSD Cult". *Journal of American Folklore*, 83 (1970), 318–324.
BAUSINGER, HERMANN. *Dialekte, Sprachbarrieren, Sondersprachen*. Frankfurt: Fischer, 1972.
BAUSINGER, HERMANN. *Formen der „Volkspoesie"*. Berlin: Erich Schmidt, 1968.

Bausinger, Hermann. „Sprachmoden und ihre gesellschaftliche Funktion". *Gesprochene Sprache, Jahrbuch 1972* (= Schriften des Instituts für deutsche Sprache, Bd. 26). Düsseldorf: Schwann, 1972. S. 245–266.

Bausinger, Hermann und Wolfgang Brückner (Hrsg.). *Kontinuität? Geschichtlichkeit und Dauer als volkskundliches Problem.* Berlin: Erich Schmidt, 1969.

Bebermeyer, Gustav. „Sprichwort". *Reallexikon der deutschen Literaturgeschichte.* Hrsg. von Paul Merker und Wolfgang Stammler. Berlin: Walter de Gruyter, 1928–29. Bd. 3, S. 281–287.

Bebermeyer, Gustav und Renate. „Abgewandelte Formeln – sprachlicher Ausdruck unserer Zeit". *Muttersprache,* 87 (1977), 1–42.

Bebermeyer, Renate. „Formelabwandlung im ‚Butt'. Ein symptomatischer Vorgang der Alltagssprache und seine Spiegelung in einem unmittelbar aktuellen literarischen Werk". *Sprachspiegel,* 34 (1978), 67–76.

Betz, Werner. „‚Morgenstund hat Blei im Hintern': Von der Vieldeutigkeit deutscher Sprichwörter". *Die Welt,* Nr. 17, 20. Januar 1973, S. 2.

Betz, Werner. *Sprachkritik. Das Wort zwischen Kommunikation und Manipulation.* Zürich: Edition Interfrom, 1975.

Bird, Donald. „A Theory for Folklore in Mass Media: Traditional Patterns in the Mass Media". *Southern Folklore Quarterly,* 40 (1976), 285–305.

Bringéus, Nils-Avid. „Das Studium der Innovation". *Zeitschrift für Volkskunde,* 64 (1968), 161–185.

Buchofer, A., J. Häusermann und M. Human. „Redensarten in der Schülersprache". *Sprachspiegel,* 34 (1978), 37–46.

Burger, Harald. *Idiomatik des Deutschen.* Tübingen: Niemeyer, 1973.

Caro, Francis A. de. „Proverbs and Originality in Modern Short Fiction". *Western Folklore,* 37 (1978), 30–38.

Daniels, Karlheinz. „Neue Aspekte zum Thema Phraseologie in der gegenwärtigen Sprachforschung". *Muttersprache,* 86 (1976), 257–293.

Daniels, Karlheinz. „Redensarten, Sprichwörter, Slogans, Parolen. Bericht über ein Forschungs- und Lehrprojekt zum Thema ‚Schematismen des Sprachhandelns'". *Linguistik und Sprachunterricht.* Hrsg. von Gert Henrici und Reinhart Meyer-Hermann. Paderborn: Schöningh, 1976. S. 174–191.

Denby, Priscilla. „Folklore in the Mass Media". *Folklore Forum,* 4, No. 5 (1971), 113–125.

Dölker, Helmut. „Sprichwörter – Vergleichbares verschieden gesagt". *Dona Ethnologica. Beiträge zur vergleichenden Volkskunde. Leopold Kretzenbacher zum 60. Geburtstag.* Hrsg. von Helge Gerndt und Georg R. Schroubek. München: R. Oldenbourg, 1973. S. 330–339.

Dundes, Alan. „Advertising and Folklore". *New York Folklore Quarterly,* 19 (1963), 143–151.

Dundes, Alan. „On the Structure of the Proverb". *Proverbium,* 25 (1975), 961–973.

Dundes, Alan und Carl R. Pagter. *Urban Folklore from the Paperwork Empire.* Austin/Texas: American Folklore Society, 1975.

GOLDBECK, INGEBORG. „Geflügelte Buchtitel". *Muttersprache,* 63 (1953), 225–236.

GOLLNICK, PAUL. *Humoristisches Sprachgut.* Göttingen: Otto Schwarz, 1967.

GOLOPENTIA-ERETESCU, SANDA. „Paradoxical Proverbs, Paradoxical Words". *Proverbium,* 17 (1971), 626–629.

GRELLMANN, H. „Parodie". *Reallexikon der deutschen Literaturgeschichte.* Hrsg. von Paul Merker und Wolfgang Stammler. Berlin: Walter de Gruyter, 1926–28. Bd. 2, S. 630–652.

GRENZMANN, WILHELM. „Aphorismus". *Reallexikon der deutschen Literaturgeschichte.* Hrsg. von Wolfgang Mohr und Werner Kohlschmidt. 2. Aufl. Berlin: Walter de Gruyter, 1958. Bd. 1, S. 94–97. (In der ersten Auflage verfaßt von K. Schrötter, Bd. 1, S. 81–85.)

GROBER-GLÜCK, GERDA. „Berlin als Innovationszentrum von metaphorischen Wendungen der Umgangssprache". *Zeitschrift für deutsche Philologie,* 94 (1975), 321–367.

GROBER-GLÜCK, GERDA. *Motive und Motivationen in Redensarten und Meinungen.* 2 Bde. Marburg: N. G. Elwert, 1974.

GROSSE, SIEGFRIED. „Das syntaktische Feld des Aphorismus". *Wirkendes Wort,* 15 (1965), 73–85.

GROSSE, SIEGFRIED. „Reklamedeutsch". *Wirkendes Wort,* 16 (1966), 89–104.

HAIN, MATHILDE. „Das Sprichwort". *Deutschunterricht,* 15, Heft 2, (1963), 36–50.

HAIN, MATHILDE. „Sprichwort und Rätsel". *Deutsche Philologie im Aufriß.* Hrsg. von Wolfgang Stammler. 2. Aufl. Berlin: Erich Schmidt, 1962. Bd. 3, Sp. 2727–2742.

HAIN, MATHILDE. *Sprichwort und Volkssprache. Eine volkskundlich-soziologische Dorfuntersuchung.* Gießen: Wilhelm Schmitz, 1951.

HANSEN, KLAUS. „Zum Stil der Überschrift". *Sprachpflege,* 13 (1964), 49–51.

HERLES, HELMUT. „Sprichwort und Märchenmotiv in der Werbung". *Zeitschrift für Volkskunde,* 62 (1966), 67–80.

HERZENSTIEL, WERNER, R. *Erziehungserfahrung im deutschen Sprichwort.* Saarbrücken: Universitäts- und Schulbuchverlag, 1973.

HOFMANN, WINFRIED. *Das rheinische Sagwort: Ein Beitrag zur Sprichwörterkunde.* Siegburg: F. Schmitt, 1959.

IHLENBURG, K. H. „Expressive Ausdrucksmittel im Stil der Publizistik". *Sprachpflege,* 14 (1965), 66–73, 141–145.

IMME, THEODOR. „Humoristische Redewendungen in unserer Muttersprache". *Zeitschrift des allgemeinen deutschen Sprachvereins,* 26 (1911), 215–220.

JECH, JAROMIR. „Variabilität und Stabilität in den einzelnen Kategorien der Volksprosa". *Fabula,* 9 (1967), 55–62.

JEROMIN, ROLF. *Zitatenschatz der Werbung. Slogans erobern Märkte.* Gütersloh: Praesentverlag Heinz Peter, 1969.

JOLLES, ANDRÉ, *Einfache Formen*. 3. Aufl. Tübingen: Niemeyer, 1965.

KIPPHOFF, PETRA. *Der Aphorismus im Werk von Karl Kraus*. Diss. München, 1961.

KLOTZ, VOLKER. „Slogans". *Sprache im technischen Zeitalter,* 7 (1963), 538–546.

KOLLER, WERNER. „Redensarten in Schlagzeilen". *Muttersprache,* 85 (1975), 400–408.

KOLLER, WERNER. *Redensarten. Linguistische Aspekte, Vorkommensanalysen, Sprachspiel.* Tübingen: Niemeyer, 1977.

KNOPF, JAN. *Geschichten zur Geschichte. Kritische Tradition des „Volkstümlichen" in den Kalendergeschichten Hebels und Brechts*. Stuttgart: Metzler, 1973.

KRAMER, DIETER. „‚Kreativität' in der ‚Volkskultur'". *Zeitschrift für Volkskunde,* 68 (1972), 20–41.

KRAMP, WILLY. „Sind Sprichwörter wahr?" *Die Furche,* 23 (1937), 135–140.

KRASSELT, HEINZ. „Das Wortspiel als sprachliches Mittel des Humors und der Satire von heute und als Waffe im Klassenkampf". *Sprachpflege,* 22 (1973), 133–137.

KUUSI, MATTI. *Parömiologische Betrachtungen*. Helsinki: Academia Scientiarum Fennica, 1957.

KUUSI, MATTI. *Regen bei Sonnenschein. Zur Weltgeschichte einer Redensart.* Helsinki: Academia Scientiarum Fennica, 1957.

KUUSI, MATTI. „Tiefenstruktur und Oberflächenstruktur in der Parömiologie". *Proverbium,* 23 (1974), 920–924.

LEE, EDWARD. „Problematic Proverbs". *Word Ways,* 1 (1968), 87–88.

LEITE, REKTOR. „Sprichwörtliche Behandlung Hebelscher Sprichworterklärungen". *Evangelisches Schulblatt und Deutsche Schulzeitung*. 44 (1900), 452–459.

LEONHARD, WILSON F. „Volksdichtung der Intellektuellen". *Akzente,* 7 (1960), 82–95.

LEVIN, ISIDOR. „Überlegungen zur demoskopischen Parömiologie". *Proverbium,* 11 (1968), 289–293; 13 (1969), 361–366.

LEWIS, MARY ELLEN. „The Feminists Have Done It: Applied Folklore". *Journal of American Folklore,* 87 (1974), 85–87.

LIEDE, A. *Dichtung als Spiel. Studien zur Unsinnspoesie an den Grenzen der Sprache.* 2 Bde. Berlin: Walter de Gruyter, 1963.

LOOMIS, C. GRANT. „Proverbial Phrases in Journalistic Wordplay". *Western Folklore,* 23 (1964), 187–189.

LOOMIS, C. GRANT. „Traditional American Wordplay: The Epigram and Perverted Proverbs". *Western Folklore,* 8 (1949), 348–357.

LÜTHI, MAX. „Das Sprichwort in der Zeitung". *Proverbium,* 15 (1970), 495–497.

MACKENSEN, LUTZ. *Gutes Deutsch in Schrift und Rede.* Reinbek: Rowohlt, 1968.

MACKENSEN, LUTZ. *Verführung durch Sprache.* München: List, 1973.

MEYER, HERMANN. *Das Zitat in der Erzählkunst.* Stuttgart: Metzler, 1961.

MIEDER, BARBARA und WOLFGANG. „Tradition and Innovation: Proverbs in Advertising". *Journal of Popular Culture,* 11 (1977), 308–319.

MIEDER, WOLFGANG. „,Aus de windische Schprich de Wind rauslasse'. Bemerkungen zu Kurt Sigels redensartlicher Dialektdichtung". *Sprachdienst,* 23 (1979), 145–149.

MIEDER, WOLFGANG. „Bibliographischer Abriß zur bildlichen Darstellung von Sprichwörtern und Redensarten". *Forschungen und Berichte zur Volkskunde in Baden-Württemberg 1974–1977.* Hrsg. von Irmgard Hampp und Peter Assion. Stuttgart: Müller & Gräff, 1977. Bd. 3, S. 229–239.

MIEDER, WOLFGANG. „Carl Zuckmayer und die Volkssprache". *Sprachspiegel,* 32 (1976), 163–166.

MIEDER, WOLFGANG. „Das Sprichwort als Ausdruck kollektiven Sprechens in Alfred Döblins ‚Berlin Alexanderplatz'". *Muttersprache,* 83 (1973), 405–415.

MIEDER, WOLFGANG. „Das Sprichwort als volkstümliches Zitat bei Thomas Mann". *Germanic Notes,* 3 (1972), 50–53.

MIEDER, WOLFGANG. *Das Sprichwort in der deutschen Prosaliteratur des neunzehnten Jahrhunderts.* München: Wilhelm Fink, 1976.

MIEDER, WOLFGANG. *Das Sprichwort in unserer Zeit.* Frauenfeld: Huber, 1975.

MIEDER, WOLFGANG. „Das Sprichwort und die deutsche Literatur". *Fabula,* 13 (1972), 135–149.

MIEDER, WOLFGANG (Hrsg.). *Deutsche Sprichwörter und Redensarten* (= Arbeitstexte für den Unterricht). Stuttgart: Reclam, 1979.

MIEDER, WOLFGANG. (Hrsg.). *Ergebnisse der Sprichwörterforschung.* Bern: Peter Lang, 1978. Darin enthalten sind folgende Beiträge:

MATHILDE HAIN: Das Sprichwort (1963). S. 13–25.

WOLFGANG SCHMIDT-HIDDING: Srichwörtliche Redensarten. Abgrenzungen – Aufgaben der Forschung (1956). S. 27–65.

WILHELM WEIZSÄCKER: Rechtssprichwörter als Ausdrucksformen des Rechts (1956). S. 67–86.

LUTZ RÖHRICH: Sprichwörtliche Redensarten in bildlichen Zeugnissen (1959). S. 87–107.

FRIEDRICH OHLY: Vom Sprichwort im Leben eines Dorfes (1960). S. 109–120.

LUTZ RÖHRICH: Sprichwörtliche Redensarten aus Volkserzählungen (1960). S. 121–141.

GERDA GROBER-GLÜCK: Zur Verbreitung von Redensarten und Vorstellungen des Volksglaubens nach den Sammlungen des Atlas der deutschen Volkskunde (1962). S. 143–169.

MATTI KUUSI: Ein Vorschlag für die Terminologie der parömiologischen Strukturanalyse (1966). S. 171–177.

Wolfgang Mieder: Das Sprichwort und die Deutsche Literatur (1972). S. 179–200.

Gerhard Müller-Schwefe: Sprichwörter als Übersetzungsproblem (1972). S. 201–211.

Wolfgang Mieder: Sprichwörter im modernen Sprachgebrauch (1975). S. 213–238.

Mieder, Wolfgang. „Günter Grass und das Sprichwort". *Muttersprache,* 83 (1973), 64–67.

Mieder, Wolfgang. *International Bibliography of Explanatory Essays on Individual Proverbs and Proverbial Expressions.* Bern: Peter Lang, 1977.

Mieder, Wolfgang. „Karl Kraus und der sprichwörtliche Aphorismus". *Muttersprache,* 89 (1979), 97–115.

Mieder, Wolfgang. „Kulinarische und emanzipatorische Redensartenverwendung in Günter Grass' Roman ‚Der Butt'". *Sprachspiegel,* 34 (1978), 4–11.

Mieder, Wolfgang. „Moderne deutsche Sprichwortgedichte". *Fabula,* 21 (1980), 247–260.

Mieder, Wolfgang. *Proverbs in Literature: An International Bibliography.* Bern: Peter Lang, 1978.

Mieder, Wolfgang. „‚Redensarten Ausreden Ansprüche': Zu Helmut Heißenbüttels Prosatext ‚Rollenverteilung' (1965)". *Sprachspiegel,* 35 (1979), 70–76.

Mieder, Wolfgang. „Rund um das Sprichwort ‚Morgenstunde hat Gold im Munde'". *Muttersprache,* 88 (1978), 378–385.

Mieder, Wolfgang (Hrsg.). *Selected Writings on Proverbs by Archer Taylor.* Helsinki: Academia Scientiarum Fennica, 1975.

Mieder, Wolfgang. „Sprichwörter im modernen Sprachgebrauch". *Muttersprache,* 85 (1975), 65–88.

Mieder, Wolfgang. „Sprichwörtliche Redensarten als Schlagzeile". *Sprachspiegel,* 32 (1976), 4–12.

Mieder, Wolfgang. „Sprichwörtliche Schlagzeilen in der Wochenzeitung (Untersuchung der ZEIT für das Jahr 1977)". *Muttersprache,* 88 (1978), 93–105.

Mieder, Wolfgang. „The Essence of Literary Proverb Studies". *Proverbium,* 23 (1974) 888–894. Auch in: *New York Folklore Quarterly,* 30 (1974), 66–76.

Mieder, Wolfgang. „Verwendungsmöglichkeiten und Funktionswerte des Sprichwortes in der Wochenzeitung (Untersuchung der ZEIT für das Jahr 1971)". *Muttersprache,* 83 (1973), 89–119.

Möckelmann, Jochen und Sönke Zander. *Form und Funktion der Werbeslogans. Untersuchung der Sprache und werbepsychologischen Methoden in den Slogans.* Göppingen: Alfred Kümmerle, 1970.

Moll, Otto. *Sprichwörterbibliographie.* Frankfurt: Klostermann, 1958.

Monteiro, George. „Parodies of Scripture, Prayer, and Hymn". *Journal of American Folklore,* 77 (1964), 45–52.

MONTEIRO, GEORGE, „Proverbs in the Re-Making". *Western Folklore,* 27 (1968), 128.

MONTEIRO, GEORGE. „Religious Parodies". *New York Folklore Quarterly,* 25 (1969), 59–76.

NEUMANN, GERHARD (Hrsg.). *Der Aphorismus.* Darmstadt: Wissenschaftliche Buchgesellschaft, 1976.

NEUMANN, SIEGFRIED. „Aspekte der Wellerismen-Forschung". *Proverbium,* 6 (1966), 131–137.

NIEMEYER, PAUL. *Die Sentenz als poetische Ausdrucksform vorzüglich im dramatischen Stil.* Berlin: Emil Ebering, 1934.

PETSCH, ROBERT. „‚Geflügelte Worte' und Verwandtes. Aus der Formenwelt der menschlichen Rede". In: Robert Petsch. *Deutsche Literaturwissenschaft. Aufsätze zur Begründung der Methode.* Berlin: Emil Ebering, 1940.

PEUKES, GERHARD. *Untersuchungen zum Sprichwort im Deutschen.* Berlin: Erich Schmidt, 1977.

PFEFFER, J. ALAN. *The Proverb in Goethe.* New York: Columbia University Press, 1948.

POWERS, M. K. „Proverbs as Copy-Patterns". *Printers' Ink,* 164 (August 17, 1933), 24–26.

RAHN, FRITZ. „Die Redensart – ein Kapitel Sprachkunde". *Deutschunterricht,* 1, Heft 4 (1948/49), 22–38.

REGER, HARALD. „Die Metaphorik in der Boulevardpresse". *Muttersprache,* 84 (1977), 314–325.

REGER, HARALD. „Die Metaphorik in der konventionellen Tagespresse". *Muttersprache,* 87 (1977), 259–279.

REGER, HARALD. „Zur Idiomatik der Boulevardpresse". *Muttersprache,* 84 (1974), 230–239.

REGER, HARALD. „Zur Idiomatik der konventionellen Tagespresse". *Muttersprache,* 87 (1977), 337–346.

RIEDEL, KARL VEIT. „Tagespresse und Volkskunde". *Beiträge zur deutschen Volks- und Altertumskunde,* 11 (1967), 7–33.

RIEDEL, KARL VEIT. „Werbung und Reklame als volkskundliches Problem". *Beiträge zur deutschen Volks- und Altertumskunde,* 10 (1966), 93–117.

RIESEL, ELISE. *Der Stil der deutschen Alltagsrede.* Leipzig: Reclam, 1970.

RÖHRICH, LUTZ. *Der Witz. Figuren, Formen, Funktionen.* Stuttgart: Metzler, 1977.

RÖHRICH, LUTZ. „Die Bildwelt von Sprichwort und Redensart in der Sprache der politischen Karikatur". *Kontakte und Grenzen. Festschrift für Gerhard Heilfurth.* Hrsg. von Hans Friedrich Foltin. Göttingen: Otto Schwarz, 1969. S. 175–207.

RÖHRICH, LUTZ. Gebärde-Metapher-Parodie. Studien zur Sprache und Volksdichtung. Düsseldorf: Schwann, 1967.

RÖHRICH, LUTZ. *Lexikon der sprichwörtlichen Redensarten.* 2 Bde. Freiburg: Herder, 1973.

RÖHRICH, LUTZ. „Sprichwörtliche Redensarten in bildlichen Zeugnissen". *Bayerisches Jahrbuch für Volkskunde,* (1959), 67–79.

RÖHRICH, LUTZ und WOLFGANG MIEDER. *Sprichwort.* Stuttgart: Metzler, 1977.

RÖMER, RUTH. *Die Sprache der Anzeigenwerbung.* Düsseldorf: Schwann, 1968.

ROTERMUND, ERWIN. Die Parodie in der modernen deutschen Lyrik. München: Eidos, 1963.

SCHMIDT, LEOPOLD. „Volksbrauch in der Karikatur". *Anzeiger der philosophisch-historischen Klasse der Österreichischen Akademie der Wissenschaften,* 114 (1977), 321–344.

SCHMIDT-HIDDING, WOLFGANG. „Deutsche Sprichwörter und Redewendungen. Vom Gebrauch der bildhaften Redewendungen im Deutschen". *Deutschunterricht für Ausländer,* 13 (1963), 13–26.

SCHMIDT-HIDDING, WOLFGANG. „Sprichwörtliche Redensarten. Abgrenzungen – Aufgaben der Forschung". *Rheinisches Jahrbuch für Volkskunde,* 7 (1956), 95–144.

SCHOEPS, HANS JOACHIM. *Ungeflügelte Worte. Was nicht im Büchmann stehen kann.* Berlin: Haude & Spener, 1971.

SEILER, FRIEDRICH. *Das deutsche Sprichwort.* Straßburg: Karl Trübner, 1918.

SEILER, FRIEDRICH. *Deutsche Sprichwörterkunde.* München: C. H. Beck, 1922 (Neudruck 1967).

SEILER, FRIEDRICH. „Goethe und das deutsche Sprichwort". *Germanisch-romanische Monatsschrift,* 10 (1922), 328–340.

SPENCE, HANNELORE MUELLER. *Das Sprichwort in Erwin Strittmatters „Ole Bienkopp".* M. A. Thesis, University of Vermont, 1974.

SPITZER, LEO. „Amerikanische Werbung als Volkskunst verstanden". *Sprache im technischen Zeitalter,* 12 (1964), 951–973.

STAIGER, EMIL. „Entstellte Zitate". In: Emil Staiger: *Kunst der Interpretation.* München: dtv, 1972. S. 138–154.

STAVE, JOACHIM. *Wörter und Leute. Glossen und Betrachtungen über das Deutsch in der Bundesrepublik.* Mannheim: Bibliographisches Institut, 1968.

STEGNER, MARGARETE. *Volkstümliche Sprachelemente in Johannes Bobrowskis „Levins Mühle": Ein Beitrag zur Interpretation.* M. A. Thesis, University of Vermont, 1976.

TAYLOR, ARCHER. *The Proverb.* Cambridge/Massachusetts: Harvard University Press, 1931 (Neudruck 1962).

TRENCSÉNYI-WALDAPFEL, I. „Sprichwort oder geflügeltes Wort?" *Acta Antiqua Academiae Scientiarum Hungaricae,* 12 (1964), 365–371.

VOIGT, VILMOS. „Variantenschichten eines ungarischen Proverbiums". *Proverbium,* 15 (1970), 541–544.

WEBER-KELLERMANN, INGEBORG. „Die Bedeutung des Formelhaften im volkstümlichen Denken". *Völkerforschung. Vorträge der Tagung für Völkerkun-*

de an der Humboldt-Universität Berlin vom 25.-27. April 1952. Hrsg. von Wolfgang Steinitz. Berlin: Akademie Verlag, 1954. S. 187–199.

WEIN, GÜNTER. „Die Rolle der Sprichwörter und Redensarten in der Agitation und Propaganda“. *Sprachpflege,* 12 (1963), 51–52.

WIEGAND, JULIUS. „Epigramm“. *Reallexikon der deutschen Literaturgeschichte.* Hrsg. von Wolfgang Mohr und Werner Kohlschmidt. 2. Aufl. Berlin: Walter de Gruyter, 1958. Bd. 1, S. 374–379.

WIEGAND, JULIUS. „Satire“. *Reallexikon der deutschen Literaturgeschichte.* Hrsg. von Paul Merker und Wolfgang Stammler. Berlin: Walter de Gruyter, 1928–29. Bd. 3, S. 137–146.

WILLIAMS, JACQUELINE. „Mottoes and Slogans of the Curio Shop and Business Establishment“. *North Carolina Folklore,* 3 (1955), 25–32.

WILLS, WOLFRAM. „Der bildliche Ausdruck im Leitartikel der Tagespresse“. *Muttersprache,* 71 (1961), 97–108.

WOLLENWEBER, BERND. „Märchen und Sprichwort“. *Projekt Deutschunterricht 6. Kritischer Literaturunterricht – Dichtung und Politik.* Hrsg. von Heinz Ide und Bodo Lecke. Stuttgart: Metzler, 1974. S. 12–92 (Sprichwort: S. 64–92).

WOODS, BARBARA ALLEN. „A Man of Two Minds“. *German Quarterly,* 42 (1969), 44–51.

WOODS, BARBARA ALLEN. „Perverted Proverbs in Brecht and ‚Verfremdungssprache‘“. *Germanic Review,* 43 (1968), 100–108.

WOODS, BARBARA ALLEN. „The Function of Proverbs in Brecht“. *Monatshefte,* 61 (1969), 49–57.

WOODS, BARBARA ALLEN. „Unfamiliar Quotations in Brecht's Plays“. *Germanic Review,* 46 (1971), 26–42.

MUTTERSPRACHE

Zeitschrift zur Pflege und Erforschung der deutschen Sprache

Herausgegeben von der *Gesellschaft für deutsche Sprache* (GfdS) in Wiesbaden durch ihren Hauptvorstand:

Prof. Dr. Günther Pflug (Frankfurt am Main)
Dr.-Ing. Alfred Warner (Darmstadt)
Wolfgang Kircher (Ludwigsburg)
Prof. Dr. Johann Knobloch (Bonn)
Dr. Otto Nüssler (Wiesbaden)

Schwerpunkte: *Sprachforschung, theoretische Grundlagen der Sprachpfl Semantik, Etymologie, Fachsprachen.*

Die »Muttersprache« erscheint im 92. Jahrgang (1982).

Redaktion: Gerhard Müller im Zusammenwirken mit den wissensch lichen Mitarbeitern der GfdS, Taunusstraße 11 (Gf 6200 Wiesbaden.

Autoren werden gebeten, die »Richtlinien und Hinweise« der Redaktion anzu dern.

Jeder Band (=6 Hefte) umfaßt mindestens 24 Bogen. Bezugspreis 96,— DM zuzüg Versandkosten. Preis des Einzelheftes 18,— DM.

Bezugspreis für Mitglieder der *Gesellschaft für deutsche Sprache* 84,— DM zuzüg Versandkosten.

Bezugspreis für Studenten und Referendare 75,— DM zuzüglich Versandkosten.

Probeheft auf Wunsch.

Bestellungen nehmen jede Buchhandlung und der Verlag entgegen.

ISSN 0027-514 X

Verlag: **GESELLSCHAFT FÜR DEUTSCHE SPRAC**
Postfach 2669 · **6200 Wiesbaden 1**